高見勝利
Katsutoshi Takami

憲法改正とは何だろうか

岩波新書
1645

はじめに

日本は、いまから七〇年前の五月三日、敗戦の焦土のなかで、第九条に象徴される平和憲法(一九四六年一一月三日公布)を施行し、戦後の新たな歩みを開始した。そして、いま、この憲法をアメリカ占領軍によって「押し付けられた」憲法だと批判し、日本人の手で、その内容を書き改めることにより、この「占領憲法」を清算することが、最大の政治課題だと考える政治家が日本の政権を担っている。憲法を改正するには、衆参各院で憲法改正を志向する議員がそれぞれ三分の二以上の議席を占める必要がある。

昨年七月に実施された参議院議員選挙の結果、憲法改正を目指す諸政党に所属する議員の数が参議院で三分の二を超えた。二年余り前の衆議院議員選挙の結果、衆議院ではそうした改憲派議員がすでに三分の二以上の議席を獲得している。それゆえ、衆参の改憲派議員がその気になって纏まりさえすれば、国会は、いつでも、憲法改正案を国民に発議し、国民投票に持ち込むことができる状態にある。

いま、憲法改正に最も熱心な議員集団は、現政権を担っている自由民主党である。この政党は、一九五五年の結党以来、長期間、政権の座にあったが、二〇〇九年の総選挙で敗れ、数年の間、野に下っていた。この野党時代に、同党は、二〇〇五年にはじめて発表した現憲法の全面的な改正草案について、さらにそれをトータルにリニューアルする改正草案を作成し、同党の公式文書にした。公式文書としたのは、政権の座に復帰したとき、党内の異論を封じ、同草案を基に、国会での憲法改正論議をリードするためである。そして、二〇一二年一二月の総選挙で政権復帰を果たした同党は、それを国会における改正原案策定の下敷きにしようとしている。

そして、本年一月二〇日召集の通常国会冒頭の施政方針演説において、安倍晋三首相は、「ただ批判に明け暮れたり、言論の府である国会の中でプラカードを掲げても、何も生まれません」と、予測される反対論を牽制し、「自らの未来を、自らの手で切り拓く、その気概が今こそ、求められています」と、現憲法の一新を説く際の常套句(本書一九八頁)を口にしたうえで、次のように語り、改憲への並々ならぬ意欲を示す。「憲法施行七〇年の節目に当たり、私たちの子や孫、未来を生きる世代のため、次なる七〇年に向かって、日本をどのような国にしていくのか。その案を国民に提示するため、憲法審査会で具体的な議論を深めようではありませせんか」。これが現在の状況である。

もとよりわが国は、現行憲法に先立って、一九世紀末にも憲法を制定し、一九四五年の敗戦に至るまで運用してきた。その間をも含め、これまで一度も憲法を改正することはなかった。したがって、もし、近い将来、この国で憲法改正が行われることになれば、それは、私たち国民にとって、はじめての経験となる。それは、明治以来、私たちの高祖父の代から経験したことのないものである。

本書は、この私たちが実際に、はじめて行うことになるかもしれない憲法改正とは何か、その国民投票とはどういうものか、について一通りの解説を試みたものである。

目　次

第一章　憲法を変えるとはどういうことか

1　憲法の安定性をどう考えるか

憲法の永続性

憲法は、不断に変化する政治や社会の現実に対応しながらも、それらの変化を貫いて、永続すべきことを志向する。この永続性は、憲法にかぎらず、法とは、すべて社会生活の安定を確保するために存在し、そのために、まず法みずからが安定していなければならないという、その本質的要請に由来するものである。たとえば、既存の秩序を打倒した革命政府の人民に対する最初の約束は、たった今、革命によって破られたばかりの「平和と秩序」を回復し維持することである。一六五三年、武力をもって共和制を樹立したクロムウェル(一五九九〜一六五八)は、統治章典(世界初の成文憲法典)を発布するに際して、憲法の永続性を認める見地から、変化する議会の多数意思に対して、永続的・不可侵的な規律が存在しなければならず、国家の根本法には「何か基礎的なもの、恒常的であり、変更されてはならない、マグナ・カルタのようなものがなければならない」と語ったという（清宮(1)四五）。この逸話から明らかなように、成功した革命もまた、成文憲法のうえに立ち、それを導く「基礎的」「恒常的」なものによって憲法を妥当させ、憲法秩序を安定化させることが求められているのである。

憲法の永続的性質ないし安定化作用は、しかしながら、憲法が決して「永久憲法」であるべきことを意味するものではない。たしかに、一八世紀ヨーロッパの自然法論者のなかには、憲法は国民全体の契約によって成立すると考え、したがって、一旦つくった憲法を変えるときには、契約に加わった全員の同意が必要だと主張することで、一度つくった憲法を永続的に保持しようと考える者がいた。しかし他方で、同じ社会契約論を基礎に、憲法はその制定に参加しなかった世代や将来世代の人々を拘束するものではないとして、その永続性を否定する者もいた。さらに、憲法制定を天地創造に匹敵するものとし、憲法は完全無欠で永久無限に行われるべきものだとする論者がいる一方で、憲法も所詮、法律と同様、いっときの立法者の作品に過ぎないとの見地から、いかなる立法者も将来の立法者の力を殺《そ》いではならず、ある時代にとって素晴らしいものも、別の時代にとっては耐えがたい障害物になるとし、立法者はいつでも憲法を自由自在に変えうるとする論者も、一九世紀には登場する(清宮(1)四七)。さらに、二〇世紀になると、「国家緊急事態」の名のもとに憲法で定められた緊急権を濫用し、議会の関与なしに、憲法すら変改しうる簡易立法により憲法体制そのものを破壊する為政者すら現れる。

これらはいずれも極論ないし法外であり、ここで憲法の永続性というのは、永久に変改できない憲法のことではなく、また、法律と同じ手続もしくはそれより簡便な手続で、容易に変改できる憲法のことでもない。近代憲法がほとんどすべて、憲法改正のための手続を規定していることは、永続性・安定性を旨とする憲法が政治や社会の変化に対応しうる一定の道を自ら開いていることを意味する。

憲法の「安定性」と改正規定

現在、憲法典を有する国々は、ほぼ例外なく、その改正について、通常の法律の制定に比して、少なからず厳格な手続を採用し、比較的容易な法律の制定手続をもってしては、それに変更を加えることができないよう仕組んでいる。これは、大多数の国家の法秩序において、憲法が法律よりも高い権威と効力を保持し、国法体系の基礎をなすものとして、より強い安定性・継続性が求められていることによるものである。このように、通常の法律の制定と比べて、より厳格な改正手続を備えた憲法が、一般に、「硬い」憲法(典)と呼ばれる。これに対して、通常の法律と同じ手続で制定・改廃され、法律と同じ効力をもつ憲法は「軟らかい」憲法(典)と呼ばれる。

この「硬・軟」の区別は、ジェイムズ・ブライス(一八三八〜一九二二)の創始にかかるものである。彼によれば、「憲法の安定性」が望ましい理由は二つある。一つは、国民に安心感を抱かせるからであり、もう一つは、憲法の実際の働きを改善する経験の積みかさねを可能とするからである。そして、憲法が「安定性」を獲得するためには、一定の「時間」が必要だとされる。庭に植えた草木がしっかりと根付いているか、頻繁にその根を掘り起こすならば、その草木が成長する余裕がないのと同様、憲法の諸制度についても、それが絶えず見直しの対象とされ、頻繁に変更されるなら、時の経過のなかで、どのように、それらが国民の間に定着し、為政者により適切に運用されてゆくかを学ぶ余地がない。一つの文書に盛り込まれ、そして、立法議会によって法律の改廃と同じ手続では変更しえない憲法は、「とくに長続きしうる」ことが想定されているのである。

もとより、この「硬い憲法」のもとで、その規定に反するか、一致しないと解される種々の立法や行政等の国家活動によって、様々な形で、憲法に対する攻撃がかけられる。その場合、国民が憲法を基本的に支持し、そうした攻撃を望まないならば、憲法はその安定性を保持することができる。憲法改正のために規定された手続は、国民が各種の憲法攻撃に含まれた問題を熟慮し、憲法改正に踏み切るかどうかを検討するための「時」を稼ぐ「間」を設けたものである。ブライスは、「スイスとアメリカの両国で、立法議会が準備し、承認した憲法改正案について、国民の多くが代表者よりも保守的であるという理由だけでなく、むしろ、〔国民の間の〕活発な論議のなかから、最初に提案されたときには気づかなかった異論が登場してきたという理由で、国民がそれを拒否するという事態が頻繁に生じた」とする。そして、この意味で「硬い憲法が安定性の確かな要素だ」としたのである(ブライス一八七)。

硬い憲法の「不安定さ」

憲法の「硬さ」は、しかしながら、そのメリットであるはずの「硬さ」が逆に災いして、実際にはさほど安定的でないというのが、ブライスの見立てでもある。そもそも、「軟らかな憲法」は、「硬い憲法」にみられるような「憲法に対する攻撃」が観念されにくいことから、後者にとってゆゆしい事態の進展にも、しなやかに対応することができる。それは、たとえば、強風に強い柔構造の吊り橋と同様であり、いわば「革命」のような嵐にも耐えうることで、それを骨抜きにすることができる。「軟らかい憲法」の特徴は、この適応性、吸収能力の高さにあるが、それは、憲法上、立法府と行政府に多くの自由な対処措置が委ねられているからである。

これに対して、「硬い憲法」は、まさしく、剛構造の鉄橋と同様である。それは、憲法に対する「攻撃」や種々の憲法改正案に含まれる風圧に相当程度、耐えることができる。しかし、その変改はもはや憲法改正の手段をもってしてはなしえないとする国民の大嵐には耐えきれない。たとえば、ある政党が、憲法改正によってのみ実効的に実現しうる改革を必死に主張し、その場合に、しかし、いくら頑張っても憲法で規定された憲法改正に必要な多数を確保しえないがゆえに、正規の手続による憲法改正を断念せざるをえないとするならば、その法的はけ口から締め出され、時間が経過するなかで鬱積した当事者の不満は、革命ないし市民戦争の形をとって噴出することもありうる。

この危険性は、奴隷制の存在を前提とする合衆国憲法の規定の存廃をめぐって現実化した。合衆国憲法には、「一州においてその法律のもとに服務または労働に従う義務ある者は、他州に逃亡した場合でも、その州の法律または規則によって、上記の服務または労働から解除されるものではなく、上記の服務または労働に対し権利を有する当事者の請求に従って引き渡されなくてはならない」(第四条第二節第三項)とする規定がある。そこで言う「服務または労働に従う義務ある者」が奴隷を指すことは明白であり、この規定から、憲法は奴隷制を容認しているとのメッセージを読みとることができる。また、同憲法の「連邦議会は、一八〇八年以前において、現存する州が入国を適当と認める人々の移住および輸入を禁止することはできない」(第一条第九節第一項前段）とする規定も、そこで「輸入」の対象とされたのが奴隷であったことは疑問の余地がない。しかしながら、この規定からは、同時に、憲法制定者が、近い将来、奴隷制を廃されるべきものと予想していたことがわかる（ブライス一八八。実際は、合衆国議会の州際通商規制権限〔第一条第八節第三項〕の有無をめぐる解釈として争われた）。

このように、合衆国憲法そのものが、奴隷制の存廃について明確な態度を示すものでなかった。そこで、一九世紀を経過するなかで、奴隷労働に依存する南部と奴隷制反対の北部との間の対立が先鋭化するに至る。両勢力ともに、憲法はわが方の立場をとると主張することができたのである。それゆえ、もし、合衆国憲法の改正がもっと容易であったならば、南北戦争は回避されえたかもしれない（ブライス一八九）。

憲法改正問題の顕在化

もとより「時間」という要素は、憲法を強化し、安定化させる方向に働く一方、憲法を弱体化し、不安定なものとする方向にも働く。それは、いわば長年連れ添った夫婦の関係と同じであり、年を経るにつれて憲法に対する愛着や尊敬が増す場合もあれば、逆に、不満や憎悪を募らせる場合もある。すなわち、一方で、国民は、自らの憲法に満足せず、繰り返し口論するが、しかし、その憲法とともに生活を積み重ねてきたというだけで、それを受け容れるようになり、さらには、それを他の国民に見せびらかし、祝日まで設けて、公にそれを祝うようにもなる。他方、国民の社会的状況が変化するなかで、憲法は、世代を経るに伴って、人々の政治的要求をますます反映しない古びた装置となってしまうこともある。

憲法改正の問題が顕在化するのは、後者の場合である。そこでは、改正手続が厳格であればあるほど、その手続に守られた改憲反対派は、憲法「改正」を阻止し、憲法の「安定」をはかることに成功するかもしれない。しかし、憲法の「改正」を求める声が強ければ強いほど、その憲法は、改正の難しさ、硬さゆえに、改憲賛成派の不満を鬱積させ「危険なもの」、不安定なものとなるのである（ブライス一九〇〇）。

平和的変革としての「憲法の改正」

ブライスと同時代、アメリカにおいてドイツ流の憲法論を展開し、自由民権期に日本でもよく知られたジョン・バージェス（一八四四〜一九三一）は、完璧な憲法は、憲法改正、自由（権利章典）および統治機構の三つの基本部分によって構成されるとし、そのなかで、憲法改正を第一におき、次のように説いた。

> 〔憲法改正とは〕憲法の枠内で、将来の変革の完成に向け国家を構築することである。それは、通常、改正条項と呼ばれ、そこに規定された権力が改正権と呼ばれる。この権力は、

憲法のなかでも最も重要な部分である。国家が平和裡に変革を成し遂げるか、それとも、停滞、後退はたまた革命に苦しむか否かという問題は、憲法の実定性、すなわち、その〔憲法という規範の〕現実的および自然的状態との対応性に依存する。ある憲法が、その様々な部分で不完全であるか、もしくは間違っていたとしても、もし、国家がその憲法の枠内で現実〔立法事実〕に即して構築されるならば、容易に補正され、修正されうる。しかし、もし、それが成し遂げられないならば、革命以外に、国家の生き延びる方途がなくなるまで、誤りが集積されるに違いない（バージェス一三七）。

憲法は、平和裡に、適法に、そして、なによりも、現実の変化の速度と国民の不満の深度に応じて、変更されなくてはならない。こうした変化に対しては、通常、議会や政府による憲法の解釈ないし運用で対処する。そして、最終的には、憲法の公定解釈権を有する機関（アメリカや日本の場合は最高裁判所、ドイツやイタリアの場合は憲法裁判所）が「これが憲法だ」と断言し、みずからその判断を覆すまでは、議会や政府など他の国家機関を拘束することで、そうした変化に対応することは可能である。しかし、裁判所のような司法機関による憲法の最終解釈権には、自ずから限度があり、また、憲法解釈の変更によるかかる変化への対応に過度の期待をかけることは、民主主義の観点からしても問題がある。憲法に根拠をもつ改正手続のみが、先の要請に十全な形で応ずることができるのである。まさに、憲法改正規定は、ときには内乱もしくは革命にまで至る虞のある憲法変革を「法の支配」下に置くものである。

2　主権者をめぐる理論

朕ハ法ナリ

では、憲法の改正という主権者が固有の権力を行使する場面で、これを「法の支配」のもとに置くとはどういうことか。そこで語られる「法の支配」とは何か。

一九七〇年代、チリの軍事クーデタによって権力を手にし、一九八〇年に制定された憲法のもとで大統領の座に就いたピノチェト将軍(一九一五〜二〇〇六)にとって、一九八八年秋、大統領続投の是非を問う国民投票で、五六%の反対票が出たことは、その権力を失う日がそう遠くないことを予感させるものであった。案の定、翌八九年一二月の大統領選挙で、反ピノチェト陣営の候補者がピノチェトの指名した候補者を破って当選する。その選挙に先だって、同年一〇月、この独裁者は、「もし、誰かが私の身体に一指でも触れるなら、法の支配は終わる」と豪語した。

これは、「朕ハ国家ナリ」ならぬ「朕ハ法ナリ」を地でゆくものである。「朕ハ法ナリ」とは、法は一人の人間の意思に依存するというものであり、近代国家はかかる「人の支配」からの解放と「法の支配」の確立にあったはずだとの考え方からすると、ピノチェトの言明は時代錯誤も甚だしい妄言だ、ということになる。しかしながら、こうした言明も、近代における「法の理解」として、一面の真理を衝くものがある。

主権者による「法」の支配

中世のヨーロッパにおいて「法の支配」とは、臣民に対しては格別の責任を負わない君主といえども、神や本性(「自然」)に由来する永遠の法や古来の慣習に根拠をもつ良き法の制約には服するとするものであった。しかし、ほかならぬ人間がこの社会をつくり上げ、実際に動かすと見るようになったルネサンス期以降の近代人の目からすると、法もまた、主権者という人間の意思から生じたものであるということになる。イギリス国内が革命による混乱の渦中にあった一六五一年、亡命先のパリで本国の国民に向け刊行した『リヴァイアサン』のなかで、トマス・ホッブス(一五八八〜一六七九)は、近代国家において法がもつ特質をえぐり出す。

ホッブスによれば、抗争と混乱を脱した国家(「コモンウェルス」)においては、誰もそれ以上に訴えることのできない、そして、いかなる問題でも決着をつけ、どのような争いでも解決しうる権威を与えられた唯一の権力の源泉が存在する。この唯一の権力の源泉が「主権」と呼ばれるものであって、その性質上、人間の意思でなくてはならない。それは、君主にみられるような、単独の個人の意思である場合もあれば、人々の代表者や少数の有力者からなる会議体、集合体の場合もありうる。

これに対して、法は、本来的に無力である、というのがホッブスの見立てであった。すなわち、法は、そもそも人間によって解釈、適用されることで、はじめて、その生命を与えられる。何が法であるかを宣明し、いかにして、その法が実現されるべきかについて、最後の言葉を発しうる者(単数または複数)、すなわち、主権者が、実際に通用する法が何であるかを究極において決定する権力を保持するのである。さらに、この主権者によって、新たな法が定立され、そして、改廃されるのである。したがって、主権的権力は、その性質上、みずから定立した法の配下に立つということはありえない。

国家の本性に反する「法」への服従

ホッブスは、「主権者権力を有するものは、市民法(国家の成員を拘束する諸法)に臣従する」との見解は国家の本性に反するとして、次のように論じている。

たしかに、主権者たちはすべて、自然の諸法に臣従する。なぜなら、こういう法は神のものであり、いかなる人やコモン‐ウェルスによっても廃棄されえないからである。けれども、主権者自身すなわちコモン‐ウェルスがつくる諸法には、かれは臣従しない。なぜなら、法に臣従するとは、コモン‐ウェルスに、すなわち主権者代表に、すなわちかれ自身に、臣従することだからであり、それは臣従ではなくて法からの自由なのである。それ〔主権者が法に服すること〕は主権者のうえに法をおくのだから誤謬であって、その誤謬は、裁判官をもかれのうえにおき、かれを処罰する権力をおく。そのことは、あたらしい主権者をつくることなのであり、そしてさらに、同じ理由で、第二のものを処罰するために第三のものをつくることであり、こうして、無限につづいてコモン‐ウェルスの混乱と解体にいたるのである(ホッブス一七三、水田訳二四四〜二四五)。

ホッブスは、主権者たる人間(単数または複数)が国家の存立を脅かす虞のあるあらゆる対立、抗争を解決する権力を保持する確固たる権威ないし権力を保持する場合にのみ、その体制は存続しうると考えたのである。ただ、ここで留意しておきたいのは、ホッブスにおいて、法は主権者によって対立・抗争の解決をもたらすべく定立されたものであると同時に、まさに、その定立された法の解釈・適用をめぐって新たな紛議を生み出す要因でもあるということである。この点に関するホッブズの考え方を整理すると、次のようになる。

そもそも国家は、みずからの領域において、構成員相互の間で生ずる紛争について、すべてこれを解決ないし予防する権力を保持する場合にのみ、存立しうる。法は、この国家の安定に資すべく定立されるが、しかし、通常の場合、誰に対してもその意味が明白であるように、決して完璧に明快に表現されうるものではない。むしろ、定立された法の意味解釈それ自体が紛議の種となるのである。それゆえ、法は、それに一義的な解釈を与えるべく権威づけられた人間、すなわち、主権者が存在しないならば、決して安定に資することはないのである。そして、もし、そのような人間が存在するならば、その彼が主権者であって、彼によって解釈される法に主権があるわけではない。まさに、彼が法を統御したのであって、その逆ではないからである。

ホッブズにあっては、まさに「権威が法をつくる」のであって、「法が権威をつくる」のではない、ということである。

「法」のもとにある主権者

ところで、ホッブズと同時代の牧師で、政治理論家としても知られたフィリップ・ハントン（一六〇四～一六八二）は、『君主制論』と題した一六四三年公刊の小冊子のなかで、ホッブスとは対照的に、「主権者は法の支配のもとにある」とした次のような見解を示している。

たしかに国家最高の権力（主権）は、君主のうちに存在しなければならぬ。しかし、ほかならぬその主権者たる君主は、「法」によって付与され、その指示に基づいて活動し、その制限に服するものでなければならぬ。さもなければ、彼は、法により制限された君主、すなわち、誠実な主権者もしくは適法な国王ではありえないからである（ハントン二四）。

問題は、主権者が法的に課せられた限界を逸脱する行為を侵したとき、誰がその違法性を最終的に判定するか、という点にある。ハントンによれば、この究極の争いに決着をつけうる判定者は、当該国家の部外者か身内のいずれかである。前者の場合、われわれは、最大の争いに関して、国外の権力に国家を従属せしめることになり、国家の自由を喪失する。後者の場合、この判定者は、君主自身か共同体とその代表のいずれかである。

①　君主が判定者である場合、法による制限という枠組みは崩壊し、制限君主制の体制は絶対制的なものに変わってしまう。なぜなら、君主の権力を法に基づいて限定しておきながら、その法からの君主の逸脱を、君主みずからが判断することは、君主をして、すべての法から解き放つことになるからである。

② 共同体とその代表者が最終決着をつける権力を保持する場合、共同体全体もしくはその一部に権力の頂点、最高権力が委ねられることになり、君主制は崩壊する。

要するに、制限君主制のもとで、もし、君主の法的逸脱の有無に関して、君主と共同体との間で根本的な不一致が生起するならば、その明確な判定者は、体制の内と外のどこにも存在しないと考えるべきだ、というのである(ハントン二九)。

「法」による主権者の「承認」

ハントンは、法が主権者の権力を規制し、統治のあり方を制限すると考えた。そして、主権者が法的規制に反する行為を侵した場合、その判定者は当該体制の内外いずれにも存在しないとした。これに対して、ホッブスは、そうした法的紛争について、何が法であるかを明らかにし、法的紛争を解決し、法秩序を維持・保障する者が主権者であるとした。この違いは、前者が制限君主制を立論の前提とし、後者が絶対君主制をその前提としていたことによるものである。そして、後者の発想が、旧体制を破壊して、その廃墟のうえに、近代国民国家、立憲国家を建設する論理の基底に据えられたことはいうまでもない。しかし、そこでは、最終的な決定をなしうる者が全能の権力を保持するところから、その権力の行使の仕方いかんによっては、新たに構築された近代立憲国家そのものの破壊に向かうこともありえないわけではない。

ホッブスの発想は、新たな秩序を形成するダイナミズムを有しているが、しかし、それは、同時に、秩序破壊にも向かいうる。これに対して、ハントンのそれは、既成秩序にとって安定的であるが、しかし、秩序の形成・変改といったダイナミックさに欠ける。近代の立憲国家における憲法の制定もしくは改正といった問題を考える場合、これら二つの発想がともに必要である。しかも、そこでは、とりわけ、立憲主義をなり立たしめる基点として「主権者」そのものを、ある種の「法」によって根拠づけることが求められるのである。

二〇世紀を代表するイギリスの法哲学者、ハート（一九〇七〜一九九二）が『法の概念』において示した主権者の根拠づけは、そうした試みの一つとして理解することができる（ハート五〇、矢崎訳五六〜五七）。

ハートによれば、ホッブス的な「法の上にある主権者」、すなわち、「他の人々に対して法をつくり、そうして彼らに法的義務または「制限」を課すのであるが、彼自身は法的には制限がなく、また制限されえない」主権者というものが認められるためには、その保持する権力ないし「公的資格」が創設され、存在していることが前提となる。すなわち、その権力は創設されたものであるがゆえに、その権力に服する人々によって承認され、維持されるルールの存在が前提となる。そのルールは、「一定の方式で資格づけられた者に一定の手続に従って立法する無制限の……権力を与える」というものである。要するに、いかなる政治体制のもとであれ、そこには、少なくとも、主権者が誰であるかを同定しうるルール(「承認のルール」)が存するはずだと考えるのである。ホッブスは法を主権者の足下においたが、しかし、ハートによれば、その主権者の頭上ないし背後には、そもそも彼を「主権者」として承認する法的ルールが存在するというわけである。

3　憲法改正は最高の権力作用

メタ・メタ・ルールとしての憲法改正規定

戦後日本の民主主義論に大きな影響を与えたハロルド・ラスキ(一八九三～一九五〇)によれば、「歴史の問題として予言できる唯一のことは、国家がつねに比較的少数者への厖大な数の人々の服従という顕著な現象を示してきたことである」(ラスキ二一)。それは、「人民の、人民による、そして人民のための統治」(リンカーン)が語られる現代の「民主国家」においても変わりはない。ジーン・ハンプトン(一九五四～一九九六)もまた、民主制とは「人民による、人民のための、そして、人民の――この最後の言葉が誤解を招くものであるということを除いて――統治」であるが、「古代アテネ人とは異なり、ほとんどの者は実際に統治に携わっておらず」、そこでは、「われわれのうちのごく少数の者が統治を行うに過ぎない」と指摘する。そのうえで、彼女は、ハートの「承認のルール」に言及し、次のように述べる。

この少数者の統治を人民の統治に仕立てるものは、承認のルールのなかに、政治ゲームを規定するルールだけではなく、人民が比較的僅かなコストでその政治ゲームの一部を改廃する途を選択しようとする場合に、それを認めるルールが組み込まれているという事実にある。この後者のルールは、統治の仕組みを改め、その〔人民の〕活動範囲を拡げる斬新な手法である。このルールは、人民が、自ら、その政治社会のあり方を定める者として、より効果的な、そして、より抑制された方法で、「変換《メタ》」の役割を果たすことを認めるものである。……要するに、人々は、〔この変換《メタ》ルールのうちに〕革命的活動が政治社会の日常活動の一部でありうることを見いだしたのである（ハンプトン三四）。

統治のあり方を変換するメタ・ルールとして、そこでは、憲法改正の手続が考えられている。それは、憲法という上位《メタ》・ルールの変換《メタ》・ルールであり、したがって、厳密には、「メタ・メタ・ルール」と称すべきものである。

ここに、憲法改正規定の「メタ・メタ・ルール」としての本質が明確となる。それは、いわば「憲法の憲法」である。すなわち、それは憲法のなかに組み込まれているが、憲法を超えるものであって、憲法そのものに変改を加える手続規定である。憲法の改正とは、したがって、憲法という通常の法律の上位に位置するメタ・ルールを変更する最高の権力作用であり、しかも、憲法というメタ・ルールに組み込まれた、いわばメタ・メタ・ルールとしての憲法改正規定に基づいて行われる権力作用である。

このメタ・メタ・ルールに基づいて行われる憲法の改正そのものは、もとよりそれが国の統治のあり方にかかわる憲法の変革というすぐれて政治的な作用である。それゆえ、その権力作用の性質や限界等については、種々争いがあるところである（芦部（1）八八）。

憲法改正「手続」による体制の転換

では、憲法改正という権力作用に限界があるか？ ここでは、憲法の改正が、その憲法の改正手続に従って行われたにもかかわらず、その改正が立憲民主制の原理を侵害するとの理由で無効とされうるか否かについて、ウォルター・マーフィー（一九二九〜二〇一〇）が描く二つのシナリオを用いて考えてみよう（マーフィー五〇五）。

体制転換のシナリオⅠ

ある立憲民主制の政治体制が苦境に陥ったとき、カリスマ的指導者が現れ、折りから社会で若者の就職難、失業、物価高騰、エネルギー危機、食糧問題、高齢者の困窮、犯罪者・テロリストからの保護や国外からの難民流入等々の難題が続出、そのうち何でもよいが、深刻な社会問題の解決を国民に約束し、政権を奪取する好機をつかんだとしよう。彼／彼女とその政党は、自由な議会選挙を闘って勝利し、政権を手に入れた。その際、彼／彼女は、自らの計画を遂行するため、次のような憲法の改正が必要だとして、選挙運動を通じて、その改正を国民に訴えた。憲法改正案は、彼／彼女の政党以外の全政党を非合法化し、選挙に代えて、主要ポストについて各々一名の推薦候補者のみに対するプレビシット(賛否投票)を実施し、裁判官や官僚等の任免もまた新指導者がすべてこれを行うとするものであった。そこでは、この新指導者に「総統」の称号を与え、任期は一五年とし、その間、政府と軍隊の双方の指揮権を有するものとされた。そのうえさらに、この憲法改正案が成立したあかつきには、爾後、五〇年間その改正は凍結されるとの規定も置かれていた。

公開の議論がなされた後、この改正案は、憲法に定められた手続に則って議会の特別多数により一括承認され、成立した。この憲法改正により更新された政治体制は、国民の自由な選挙に基づくものでないがゆえに、民主的ではない。総統の権力に対する制限は、権力分立原理に基づくものではなく、総統が自らの政党を操る（もしくは、粛清する）彼自身の冷酷さと力量に委ねられているがゆえに、立憲的ではない。この新体制は、「独裁体制」の定義（カリスマ化された単独者を中心とする支配、プレビシットによる人民の支持に基づく支配、強力な中央集権的統治機構を備えた支配〔猪木 二〇〇二〕）にずばり当てはまるものである。

憲法「改正」による体制転換は正当か

この憲法改正は、正当であろうか？ 「事実そのものが事情を語る」（Res ipsa loquitur）とする物証（実証）主義の立場を徹底するならば、憲法典に明記された手続的言明それ自体が終局の規範だ、ということになる。この立場からすると、先の問いに「イエス」と答えることは明白である。すなわち、ある法律が憲法で定められた立法手続に従って改正されたものであるとき、その法律は正当なものだとされるのと全く同様に、ある憲法の改正が憲法で明記された手続に従うものであるならば、その改正は正当なものとされなければならない。それを正当なものと受けいれることができない者は、国外に退去するか、国内にあって殉難の途を歩むか、もしくは、国家を再構築するための新たな憲法制定会議を求める平和的闘いに従事するか、そのいずれかの途を選ぶことになろう。

他方、憲法典の背後には憲法（為政者の恣意的権力行使を制限、国民の自由確保を目的とする規範や制度）もしくはそれを支える立憲主義の原理（人権尊重原理・権力分立原理）が存在し、憲法典という文書に込められた文言が憲法ないし立憲主義のすべてだと考えるべきでないとする立場に立つ者からすると、このような体制転換の正当性は「ノー」だとして否認されよう。その理由は三つある。まず第一に、憲法典上のある規定の改正と、憲法典それ自体の置換ないし憲法秩序の転換の違いである。すなわち、憲法の「改正」とは、憲法典の全体もしくは既存の憲法秩序の枠内で行われる部分的な規定の修正・追加・補足・削除などの活動であって、憲法典の丸ごとの変改や憲法体制の転換は、そこには含まれないとするものである。立憲民主制から独裁制への体制転換は、憲法の「改正」ではなく、新たな憲法の創設ないし制定だとされるのである。これと関連して、第二の理由は、立憲民主制の創設者は主権者たる国民であることに求められる。すなわち、国民が立憲民主制の淵源であるがゆえに、立憲民主制からカリスマ的独裁者が支配する体制への転換は「改正」の枠外にあるというものである。これは、立憲民主制という制度が自ら正当化する憲法秩序を自らの手で破壊するならば、それは自殺行為だとするものである。そして第三の、より根源的な理由は、立憲民主秩序またはその憲法典の通用力は、単に国民の「同意」からだけではなく、立憲主義の根底にある「人間の尊厳」や「個人の尊重」といった根本原理から導き出されるものであるがゆえに、その原理に照らし、憲法秩序もしくは憲法典変動の正邪(right and wrong)が判定されるべきだとするものである。つまり、憲法典や憲法秩序の拠って立つ基本原理がそれらに制限と統制を加えるところから、憲法典等の変動には限界があり、ましてや、その基本原理を根底から否定する体制転換は正当化されえないとするものである。

以上が、シナリオIとその評価について、マーフィーの語るところである。シナリオIIは、このシナリオIの延長線上に設定される。

体制転換のシナリオII

自由な議会選挙に勝ち抜き政権の座につくこととなった新指導者は、実は、そのときの選挙公約で、独裁的政治体制の樹立を内容とする新憲法草案の起草について審議する憲法会議の招集の是非を問う国民投票の実施を掲げ、闘ったのであった。そして選挙後、公約に基づいて実施された国民投票でも、国民の多数は憲法会議の招集を選択した(この点で、憲法改正が議会で完結するシナリオIと異なる)。これを承けて、国民は、自由で公正な選挙手続に基づく公開の闊達な討議によって、上記のような独裁体制の創設を内容とする憲法草案を起草、審議する憲法会議の代議員を選出した。招集された憲法会議は、自由な討議のなかで件《くだん》の憲法案を完成し、改めてそれを国民投票に付した。こうして、国民の間の議論を経て、国民の大多数がこれに賛成票を投じた。これがシナリオIIの要旨である。

国民投票の結果に基づく体制転換の当否

問題は、こうした国民投票の方式による体制転換の当否にある。その当否を判断する前提として、ここでも、シナリオⅡで描かれた憲法会議や国民投票に関する手続等は、すべて既存の憲法典に規定されていたものとする。また、新憲法典は、新体制に反対し、これに従わない者に対して、資産を保持して国外に退去する自由を保障していたものとする。他方、国内にとどまる国民は、公権力がこの新たな憲法典を施行することに同意していたとしよう。そうすると、ここでの問いは、主権者たる国民の同意さえあれば、たとえ、それが立憲主義や民主主義を破壊するものであったとしても、その同意によって確定された新憲法典は正当化されるのか、という一点に絞られる。

この問いに対して「イエス」との答えを与える根拠は、きわめて単純明快である。すなわち、それは、「国民は主権者であるから、彼らは自らにとって望ましいいかなる政治体制をも採用することができる。したがって、彼らは、既存の手続に従うべきだとしても、自らが選択するならば、その望み通りに政治体制を変更することができる」、というものである。要するに、国民の自ら自由に表明した意思が、統治の究極の正当化理由だとされるのである。かかる国民の同意表明があれば、いかなる政治体制でも正当であり、かかる表明がなければ、いかなる政治体制といえども正当なものではないというわけである。

他方、この問いに「ノー」と答える論者は、国民もまた、カリスマ的煽動者の手にかかれば一も二もなく自己の判断を誤ることは歴史上繰り返されてきた事実だとし、シナリオⅠの問いに対する「ノー」の第三の論拠を持ち出すことになるであろう。

この机上の二つのシナリオとその評価から、われわれは、憲法というメタ・ルールの改正について、憲法改正のための手続というメタ・メタ・ルールに従えば、立憲民主体制の転換、すなわち、独裁制にまで至る変革も可能であるとする見解と、そうした変革には超えてはならない一線があり、その一線を超えることは手続的にも実体的にも正当化されうるものではないとする見解の対立があることを知る。

憲法改正権の本質的性格

「物事の始まりへの道はどの場合にも野蛮に通じている」とはニーチェ(一八四四～一九〇〇)の言葉である(ニーチェ三四六、西尾訳三八一)。憲法が作られたり、改正されたりする現場を探ろうとする者もまた、正義、自由、平等、平和や人間の尊厳といった「人類普遍の原理」とともに、野望、計略、陰謀、裏切り等々の渦巻く権力闘争をも否応なしに目にすることとなる。ヨーゼフ・イーゼンゼー(ボン大学教授)によれば、「憲法が生まれる野蛮の地は、立憲国家的に保障された文明の彼方にある」(イーゼンゼー九)。この「文明」と対比される「野蛮の地」の比喩は、近代市民革命以来、「主権者」すなわち、憲法をつくり、憲法をかえる権力を保持する者たちが活動してきた舞台の特質を的確に言い当てている。新たな憲法の制定や憲法改正規定に基づく憲法の全面的な改廃は、既存の憲法秩序ないし体制の立場からすれば、「無秩序」「混乱」といった「野蛮行為」以外の何ものでもない。しかしながら、既存の憲法秩序の破棄ないし憲法体制の変革を企てようとする立場からすれば、憲法改正規定は、いわば希望に満ちた「革命権」、圧政に対する「抵抗権」の行使を「体制内化」したものとして理解されることになる。

ロック（一六三二～一七〇四）は、「野蛮」な、もしくは「革命的」な権力が共同体のなかに常在することの意味について、次のように論じている。

　いかなる人も、人々の社会（共同体）も、自らの保存と、したがってその手段とを、他の人の絶対的な意志や恣意的な支配とに引き渡すという権力は持っていないのだから、誰かが人々をそのような奴隷状態へ追い込もうとするときはいつでも、人々は自分でも手放すことのできないものを守るための権利を常に……持つのである。このように、この点では、共同体は（いかなる政府に対しても）常に最高権力である、と言えよう（ロック三六七、伊藤訳二六一）。

カール・フリードリッヒ（ドイツ生まれの政治学者。ハーバード大学教授として活躍。一九〇一〜一九八四）は、このロックの言説を、憲法の制定という文脈のなかに位置づけ、次のように読み替えている。

（総じて共同体のより知的で、重要な部分を構成する）人々のうちのかなりの数の者にとっては、他人の気まぐれで恣意的な決定に対抗して……自らの（決定の）自由を保持する性向があるので、強制された従属状態に貶められようとするならば誰もが、相当の犠牲を払ってでも、その状態から脱出しようと試みるものと思われる。……そして、この共同体の（より知的で重要な）部分のなかから、如何なる政府の下にも服従していないと考える「（憲法）制定集団」と呼ばれるものが、くっきりとその姿を現す。けだし、彼らの権力は、既存の政府を解体し、新憲法を樹立する以外に、何らの活動をするものでもないからである（フリードリッヒ 一三〇）。

フリードリッヒは、この読み替えによって、ロックの言説から、①政府の圧政に対して抑制を求める共同体のなかには、留保され、組織されていない抵抗権ないし革命権が存在し、②政府が暴政をほしいままにするようになった場合に、この憲法制定集団はその活動を開始する、との一般命題を引き出し、そして、②の命題こそが、憲法を制定する権力（「制憲権」）と憲法を改正する権力（「改正権」）とを区別するうえで重要だとする。すなわち、「改正権は合法的変革によって革命を未然に防止するために設けられたものだ」というのである。しかしながら、「この改正権の活動が失敗に帰したとき、制憲権がその危機の点において立ち現れる」。要するに、「周到に作成された憲法は、人的に可能な限り、革命的変動に先手を打って防ぐべく、自らの改正について規定しているのだ」というのである（フリードリッヒ一三五）。

革命的変革の合法的遂行

「憲法改正」という行為ないし作用は、いささか誇張されているとは言え、フリードリッヒの「合法的変革によって革命を未然に防止する」という巧みな言葉に示されているように、いわば革命的変革を「合法的」に遂行することである。それは、法的であると同時にすぐれて政治的な行為ないし活動である。そして、法は社会から孤立して存在しえないと同様、憲法もまた、社会的ないし政治的コンセンサスを抜きにしては機能しえない。したがって、「憲法改正」

という作業は、社会の趨勢、社会におけるコンセンサスの度合を見極めながら遂行せざるを得ない。その場合、エドワード・マッキーニー(一九二四〜二〇一五)が憲法制定について述べた提言、すなわち、「実質的もしくは包括的な社会的コンセンサスが存在しなくても、そこそこに十分なコンセンサス――すなわち、その社会の内部で対抗勢力が我慢しあいながら調整ないし共存する状態――が存する場合には、時間を味方につけて控え目に活動し、〔他方で〕十分な社会的コンセンサスが存する場合であれば、憲法制定者は、委細構わず先に進むことが正当化される」(マッキーニー 一三四)との言明は、憲法改正の作業についても、ほぼそのまま当てはまるであろう。

4 改正規定の改正は可能か

制憲権は万能

ここまで述べて来て、筆者の念頭に浮かんだのは、憲法改正の手続さえ踏めば、憲法の中身は「どうにでもかえることができる」とする河村又介(東北帝大・九州帝大教授、最高裁判事。一八九四〜一九七九)の見解である。河村は、おもに一八世紀自然法論のなかで、制憲権が憲法改正手続との関連でどう理解されていたかを、次のように活写する。

十八世紀から十九世紀にかけて政治学や法律学を風靡した自然法の理論に従へば、人は本来絶対自由であるべきものであつて、その意に反しては如何なる束縛をも受けるべきものでない、国家の強制権や拘束力も個人の同意に基く場合にのみ正当である。言ひ換へれば国家は個人の間の契約に基いてのみ存立し得る。個人は国家を作るか否かの自由を有するのみならず、如何なる国家を作るかも自由に契約によつて決し得る。国家を設立する契約が即ちその根本法たる憲法であり、憲法制定権を行使する会議が所謂憲法議会であるといふのです。

……憲法制定権は新しい国家を設立する際に自然法以外の如何なる法の拘束をも受けないのみならず、既存の国家内、既存の憲法の下に於ても、人間は憲法制定権を奪ふべからざる権利として持ち続けてゐるのであるから、それ等の束縛を受けないものと考へられてゐました。憲法は通常それを改正する手続を規定してゐます。然し右のやうな理論に依れば、憲法制定権は此の改正手続にも拘束せられないで、何時でも自由に発動し得る訳です。現にフランス革命時代にできた憲法の中には、……自ら憲法改正の規定を設け乍ら、これは絶対の拘束力を有つものでなく、便宜のためにこの手続に従ふことを国民に勧告するに過ぎないのだといふことを明言してゐるものさへあるのです（河村六〜七）。

要するに、制憲権は、その草創期、自らが定立する憲法に規定した「改正手続」にも拘束されることなく「何時でも自由に発動し得る」最高絶対の権力として観念されていたというのである。そのうえで、河村は、しかしながら、安定軌道に乗ったその後の時代では、制憲権によって定立せられた憲法が有効に存在する限り、そのような万能の制憲権の常在を承認するわけにはいかないとする。

万能性の変容

既存の憲法があり乍ら、それに拘束せられないで、それと異なる方法で発動し、それとは別の憲法を作り得るといふのは、憲法を破壊する権利、革命の権利を認めることになります。……ですから今ではそのやうな理論は通用してゐません。国民会議などといふ名称に国家契約の思想の名残が留まつてゐない訳ではありませんが、之れを普通の立法議会と区別する主な理由は、憲法といふ特に重要な法規を制〔改〕定する機関だからでありまして、その組織も権限も行動の方式も凡て憲法の埒内におかれてゐます。憲法制定〔改正〕権も憲法に先ち之れに超越するものではなくて、やはり憲法によつて与へられ憲法によつて制約せられるものと認められてゐます（河村七〜八）。

河村は、こうして、制憲権とは、沿革的には既存の憲法を破壊する法外の権力であるが、現在では、憲法によって「制約せられ〔た〕」改正権力として理解すべきだとする。とはいえ、この権力は、河村にとって、あくまで主権者たる国民自らが憲法上の（改正）手続を踏みさえすれば、その内容をいかようにも変改しうる根源《オリジナル》的な自己組成（Selbstorganisation）権力として観念されている。つまり、憲法改正手続を用いて、その憲法の内容をどのようにでも変えることができるというのである。

制憲権と改正権とは別物

これに対しては、制憲権と改正権の違いを看過するものだとし、実際は同じ国民に帰属する権力だとしても、制憲権と改正権とは法的に区別して理解すべきだとの立場から、憲法を無制限に「かえる」ことはできないとする見解がある。すなわち、国民が、オリジナルな「自己組成権力」たる制憲権の所産として憲法を創設する場合と、国民が、その所産たる憲法によって組織された国家機関として当該憲法規定を改正する場合とでは、同じ国民の権力作用であるとしても、法的に異なるものとして理解しなければならないとするものである。

もとより、国民がそのオリジナルな制憲権を行使して憲法を創設する場合であっても、それが「立憲主義憲法」と評しうる憲法であるためには、「人間価値の尊厳という一つの中核的・普遍的な法原則」(芦部(1)四二)に立脚したものでなければならない。そして、この憲法をして憲法たらしめる「根本規範」ともいえる「基本価値」が、憲法上の権力である改正権をも拘束する。こうした理解を前提に、芦部信喜(一九二三〜一九九九)は次のように改正権の限界について説く。

憲法の基本価値を表示する根本規範として人間人格不可侵の原理があげられなければならない。これは実定規範でもなく、単にケルゼンのような(下位法を上位法から導出する最上位の)仮説として前提された内容のない根本規範でもない。これは制憲権をも拘束する一定不変の内容をともなった最も根本的な法治(立憲)国家の中心的な価値である。この価値こそ、真の規範の規範(Norm des Normen)である。

憲法改正権は、これ(人間人格不可侵の原理)を侵すことは許されない。従って、この価値を実定化した基本(的人)権は、憲法の絶対的規範として、改正権の外におかれていると解すべきである。国民主権の原理は、この基本〔的人〕権の価値を前提とし、それと密接不可分の関係にあるものとして、改正権によって排除することはできない。基本〔的人〕権こそ国民主権を普遍の政治原理として妥当せしめる近代憲法の不動にして不可侵の根本規範である。

このように、国民主権、基本的人権の原理に重大な修正を加える改正が許されないということは、さらに平和主義の原理を改正できないことを意味する。なぜなら、二〇世紀の憲法においては、国民の民主(国民主権・基本的人権の保障)は、国際の平和なくして、その実現維持を不可能としているからである(芦部(2)六六)。

立憲主義の憲法は、このような基本価値により組成された器であるがゆえに、そこに盛られている内容に何らかの変更を加えようとする場合であっても、その器に亀裂を生じさせるような変更は許されないとするものである。では、「立憲主義の基本価値を損なう」改正とは、いったいどういうことか。それは、端的に言えば、立憲主義の憲法がそうでなくなること、すなわちかかる憲法の自殺行為であり、憲法が憲法でなくなってしまうことである。それゆえ、憲法改正とは、こうした「自殺には至らないところの変更、つまり憲法の根本原則またはその生命的な部分は動かさず、ただ細部的な、技術的な部分の変更」をなすことであり、「この限度を超えた変更は、したがって改正としておこなうことはできない」(鵜飼(1)二一一〜二一二)のである。

「個人」が「人」になると

二〇一二年の自民党「日本国憲法改正草案」(一二年改憲案)は、この視点から精査すべきである。一二年改憲案の最大の問題は、立憲主義の基点である「すべて国民は、個人として尊重される。」(憲法第一三条)との定めを「全て国民は、人として尊重される」と書き換えようとしている点にある。日本語としては、「個人」の文字から「個」を抜き、「人」と表記しただけのことである。同案の起草者は、一体、そのどこが問題なのかと、反論する。しかし、この一字の削除は、そもそも「個人」とは、各々「人格」を有するがゆえに「尊厳」を保持し、立法その他国政上も最大限「尊重」されなくてはならぬ存在であるものを、単に各人の身体的・社会的属性に着目し、わけても家族を典型とする生活共同体の一員(homme situé)として、日本の歴史・文化・伝統との繋がりのなかで、その与えられた一定の役割を従順に演ずる存在へと貶めるものである。

その狙いを象徴的に示すのが、憲法第二四条を改正し、そこに新たに書き加えようとする家族に関する次の一文である。「家族は、社会の自然かつ基礎的な単位として、尊重される。家族は、互いに助け合わなければならない」。これは、自立した個人、その二つの人格がとり結び、子どもが別の人格として自立するまで世話をし、やがて崩壊してゆくというサイクルで描かれる近代の小家族像ではない。それは、この家族像を打ち壊し、まず親が孫たちの面倒をみ、やがて息子や娘が高齢化した親を最後までみとる循環が未来永劫、継続すべきものとする「ほのぼの一家」(自民党製作の憲法改正宣伝漫画)の大家族像である。そこから、見えてくるのは、本来、国家が果たすべき国民の生存配慮義務(憲法第二五条)を家族に押し付けようとする為政者の姿である。それは、「人」が社会的束縛から解放され、「個人」として自立した「近代」以前の、社会的圧力により自我が抑圧された世界に立ち戻ることである。

日本の立憲主義は、いま、ポストモダンと称するプレモダンへの回帰の岐路に立っているとも言えるのである。

改正規定そのものをかえることができるか

憲法の改正とは、そもそも憲法の定める改正規定に基づいて、当該改正手続規定以外の憲法で定められた諸々の規定(通常の憲法規定)に対し修正・削除・追加等の変改を加える作用である。では、当該改正規定に基づいて、当該改正手続それ自体を変改することができるか。

もとより、自己組成権としての制憲権が憲法を創設した後、改正権として憲法の内部に常駐するとの見地（上述三三頁）に立てば、法論理上、当該自己組成権が憲法で明記された改正権限や手続権限を必要に応じて変改することに何らの歯止めもありえない。しかし、オリジナルな権力である制憲権と憲法上組織された権力である改正権を区別して考えるべきだとする見地（上述三三頁以下）からすると、改正規定を根拠とする改正規定の改正は法論理的に不可能であるということになる。

すなわち、憲法改正者（機関）の権限とその改正手続の原則を定める憲法規範（改正手続規定）は、制憲権の所在を定める基礎原理に根拠を置くものであって、法論理上、改正機関によって改正することができる通常の憲法規定よりも上位の段階に位置するものである。それゆえ、憲法改正機関（者）が、自ら拠って立つ権限や手続の基本を自ら変改することは法論理的に不可能である（清宮（2）一六二）。そして、それが実際にも許容されえないことは、制憲者から改正権を委任された者が、自己の意思で改正権限や手続の根本を変改してしまうと、憲法の「基本的同一性」が失われることになるからである（鵜飼（2）二一五。ただ、この場合、「同一性」を維持しうる限度での要件緩和は可能）。

憲法の「基本的同一性」喪失

憲法の永続的性質ないし安定化作用の観点からすれば、憲法改正には限界があるとする後者の見解が基本的に支持されるべきである。その場合、現今の憲法改正の動向との関連では、とりわけ憲法改正手続規定の改正は憲法自体の同一性を失墜させるとする理解が重要である。そこで、改正規定の手続の変改によって、実際上、憲法の「基本的同一性」がどのように失われるか、現行憲法第九六条第一項の国会の改正発議要件は厳格にすぎるので、その要件を緩和すべきだとする自民党の一二年改憲案を例に考えてみよう。

憲法第九六条第一項は、憲法改正の国会発議について、「各議院の総議員の三分の二以上の賛成」を要件としている。自民党の改正草案は、この要件を緩和し、各院総議員の「過半数」の賛成をその要件とする。つまり、発議要件が「三分の二以上」の賛成から「過半数」のそれに引き下げられているのである。そして、憲法改正案について、衆参それぞれ総議員の過半数で国会が議決し、国民に発議、国民投票に付して、その国民投票で「有効投票の過半数の賛成」が得られれば改正は成立するものとされる。

この憲法改正の成立要件は、憲法上は、いわゆる地方自治特別法の成立要件（第九五条）と大差がない。その違いは、国会通過に、前者が衆参各院で「総議員の過半数」の賛成、後者が各院「出席議員の過半数」（憲法第五六条第二項）の賛成を要する点だけである。いやむしろ、憲法審査会合同審査会の「勧告」（国会法第一〇二条の八）の使い方如何によっては、前者の憲法改正原案の方が後者の法案よりも国会通過が容易となる（後述一七八頁以下参照）。それゆえ、両者の本質的な違いは、改正された憲法規定は全国一律に適用されるが、後者の特別法が適用される範囲は「一の地方公共団体のみ」に限定されることに尽きる。

憲法の軟性化

このことは、憲法第九六条第一項の手続要件の緩和により、憲法そのものが、富士山のように聳立《しょうりつ》した孤峰から、八ヶ岳のような、憲法と法律との見分けがあまりつかないレベルまでその「最高規範性」を低下させてしまうことを意味する。いま一つ比喩を用いるなら、改正手続規定はいわば湯船の底にある栓のようなものであり、当該手続要件の緩和はその栓を抜いてしまうのと同じで、憲法の規範水準はどんどん低下し、法律との差異がほとんど認められなくなってしまうのである。その結果、憲法と法律との規範的「距離」はいわば紙一重となり、憲法の最高法規性（第九八条第一項）、違憲審査権（第八一条）も、場合によっては空文・空虚と化してしまう。換言すれば、硬性憲法が一挙に軟性化してしまい、改正前の憲法との同一性が失われてしまうのである（なお、先の「同一性」の視点からは、たとえば「五分の三以上」への発議要件引き下げなら可能であろう）。

たとえば、地方自治体による靖国神社等に対する玉串料としての公金の支出が社会的儀礼を超え、わが国の社会的・文化的条件に照らして相当とされる限度を超えるものとして憲法の政教分離規定（第二〇条第三項、第八九条前段）に違反するとした最高裁判決（一九九七年四月二日大法廷判決）に対して、多数の国会議員がこれを不満とするなら、上記の新規手続を用いて、憲法第二〇条第三項を次のように改め、国会を通過させればよい。すなわち、国・自治体は「特定の宗教のための……活動をしてはならない」とこれを改め、そのうえで、「ただし、社会的儀礼……の範囲を超えないものについては、この限りでない」とする但し書きを加え、憲法第八九条前段に「公金その他の公の財産は、第二〇条第三項ただし書に規定する場合を除き、宗教的活動を行う組織若しくは団体の使用、便益若しくは維持のため支出し、又はその利用に供してはならない」（一二年改憲案第八九条第一項）との修正を施す改正案さえ各院で可決すればよい。あとは、賛否のみを問う国民投票において、有権者総数や投票総数ではなく、「〔賛否の有効〕投票総数の二分の一を超えた場合」（国民投票法第一二六条第一項。なお、同法は国民投票が有効なものとして成立するための要件である最低投票率すら設定していないことについては後述一三六頁以下）に改正は成立するのであるから、上記判決を覆すことは、現行憲法第九六条に比して、さほど困難なことではなかろう。同様に、衆参両議院で多数派を形成する国会議員が、永住外国人に地方参政権を付与することは憲法上禁止されてはおらず、国の立法政策上の問題であるとした最高裁判決（一九九五年二月二八日第三小法廷判決）に反対であるならば、憲法第九三条第二項に「〔地方公共団体の長、議会の議員等は〕その地方公共団体の住民であつて日本国籍を有する者が直接これを選挙する」(一二年改憲案第九四条第二項参照)とした改正案を、時宜をはかって国民に発議することで、比較的容易にその意図を実現することができよう。

改めて指摘するまでもなく、憲法とは国家権力を担う為政者が何かをしようとする場合に、これについて一定の要件を定めた根本的な法である。憲法第九六条が定める憲法改正規定は、そうした根本的な法である憲法の個々の条項について、修正・追加・補足・削除等を行う要件を定め、その要件に合致した改正が行われたとき、当該憲法改正規定が「国民の名」において「この憲法と一体を成すものとして」(同条第二項)公布され、将来に向けて国家権力を拘束するものとされるのである。そこでは、この憲法改正要件自体を新たなものに変更するといったことは想定されていない。憲法改正要件の変更は、憲法の視点からみれば、憲法外の力もしくは超憲法的な何ものかによってなされたものと評価せざるを得ないということになる。それゆえ、憲法第九六条の改正が現実に行われたとすれば、それは現行憲法上では合理的に説明できない、いわば「憲法の根絶」(Verfassungsvernichtung)とでも評すべき異常な事態である(シュミット九四)。

「憲法改正」の意味

では、なぜ、このようなおぞましい憲法第九六条改正案が登場してくるのであろうか。もとより推測の域を出ないが、おそらく衆参各院で三分の二以上の多数の賛成が得られなければ憲法改正案を発議することができないとする国会に対する発議権行使の憲法上の縛りが、国会議員にとって疎ましいからであろう。各院で憲法改正原案について真剣に議論し、第九六条が課した総議員の三分の二以上の壁を突破するまで熟議を重ねることが議員にとって面倒だということであろう。

改正要件緩和論者の狙い？

もとより、彼らは内心そう考えていたとしても、そのことはおくびにも出さず、「国民」をダシに使い、第九六条のように国民の発議要件があまりに厳格(?)であっては憲法改正について主権者たる国民が意思表明する機会が狭められることになってしまうと、もっともらしい理屈をこねる。国会で憲法改正原案をろくに議論もせず、主権者たる国民に丸投げし、直ちに国民に賛否の態度を表明しろというのは、いかに乱暴なことであるかは火をみるよりも明らかである。国民に丸投げするくらいなら、代表者は不要である。これでは、何のため「全国民を代表」(憲法第四三条第一項)して国会に参集するのか。国会議員たる者の存在理由《レーゾン・デートル》が問われることになろう。それゆえ、かりに第九六条を改正し、現行憲法との同一性を断ち、新たな改正規定を設けるとしても、その規定は、国民に憲法改正の判断を丸投げするようなものであってはならない。たとえば、憲法のある条項について改正が必要か否かを、もっぱら争点にして衆参同日選挙を実施し、その選挙の結果、改憲賛成議員が両院で多数派を占めたとき、はじめて国会において当該条項に関する具体的な改正原案を策定し、国会で審議・可決したうえで、同改正案を国民投票に付すといった手続が踏まれるなら、国民の代表者たる国会議員も憲法改正について応分の役割を果たしたとして、それなりに国民の納得が得られるであろう。

こうした国民と国会議員との間のキャッチボールの手続を抜きにして、国民にすべて丸投げするような憲法改正手続への変更を図ろうとすることは、まっとうな改正論とはいえない。「主権者」を持ち出せば、憲法改正規定を含むすべての憲法上の規定が沈黙し、主権者の「行為」が正当化されるということであれば、それは主権万能の絶対主義国家や全体主義国家の権力論と何ら選ぶところがなく、決してそれは立憲主義国家の権力論でもなければ主権論でもない。政治家間で、いっとき、憲法改正項目の、いの一番として第九六条改正が声高に叫ばれたこともある。そして、今なお、その声は衰えていない。このような声にどう対応するか。まさにわが国における立憲主義の原理とその憲法に対する理解の深浅度が試されているのである。

第二章　憲法改正規定はどのようにして作られたか

1　天皇から国民へ——憲法改正問題

明治憲法と日本国憲法における改正手続の異同

明治憲法は、憲法制定の最終的権威ないし権力（主権）を保持する天皇が欽定した憲法であったので、その改正は、天皇だけが発議できるものとされた。ただ、憲法の改正は、憲法の制定とは異なり、天皇といえども単独でこれを行うことができず、天皇の付議した憲法改正案に対して、帝国議会の議決を得ることが必要であった（第七三条第一項）。また、議会での審議も、通常の法律案の場合（定足数は衆議院・貴族院ともに総議員の三分の一（第四六条））とは違って、衆・貴各院において総議員の三分の二以上の出席を必要とし、その表決も三分の二以上の特別多数によるべきものとされた（第七三条第二項）。このように、憲法の改正には、天皇の意思と帝国議会の議決との合致が必要とされたが、しかし、国民(当時の言葉では「臣民」)はその過程から排除され、憲法改正の請願すら、勅令で禁じられていた(請願令第一一条第一号)。

これに対して、日本国憲法は、憲法制定の最終的権威ないし権力(主権)は「国民に存〔し〕」、その国民が「この憲法を確定する」(前文第一項)との建て前に立つ民定憲法であるところから、憲法の改正についても、国民の「承認」によって成立するものとし、それに先立つ発議は、国会が「各議院の総議員の三分の二以上の賛成で」これをなすべきものとする(第九六条第一項前段)。国民の承認には、「特別の国民投票又は国会の定める選挙の際行はれる投票」で、「その過半数の賛成」を得ることが必要である(同条同項後段)。こうして、日本国憲法のもとでは、明治憲法時代の「天皇」に代わって、国民が憲法改正の「主人公」となったのである。

では、この憲法改正の手続規定は、どのような経過を辿って生まれたのか。

ポツダム宣言の受諾

日本国憲法が成立する直接の契機となったのは、いうまでもなく、一九四五年八月一四日のポツダム宣言の受諾である。ポツダム宣言は、第二次世界大戦において連合国が「日本に降伏の機会を与える」(第一項)ための降伏条件を定めたものである。受諾に先だって、八月一〇日、日本政府は、ポツダム宣言の受諾が明治憲法上の天皇の「国家統治ノ大権ヲ変更スルノ要求ヲ包含シ居ラザルコトノ了解」を取り付けようとした。

この申し入れに対して、連合国は、翌一一日、次の二点を明示した回答(いわゆるバーンズ回答)をよこした。①降伏のときから、日本の天皇および政府の統治権は、降伏条件を実施するために必要と認める措置をとる連合国最高司令官に従属すべき(shall be subject to)ものとする。②日本の最終的な統治形態は、ポツダム宣言に従い、日本国民の自由に表明する意思によって決せられるべきものとする。

この回答を受け取った政府は、八月一四日、ポツダム宣言の受諾を決定した。深夜、天皇(裕仁。一九〇一～一九八九)は戦争終結の詔書を録音、翌一五日正午ラジオで国民に報じられた。そして、九月二日には、日本政府の全権が、横浜港の米国軍艦上で、降伏文書に署名した。これによって、戦争は終結し、日本はポツダム宣言、バーンズ回答および降伏文書の拘束を受けることになった。

降伏によって、日本は独立国としての主権を失い、その統治権は、ポツダム宣言を実施するために必要な措置をとる連合国最高司令官の制約の下に置かれることになった。ポツダム宣言は、日本における軍国主義の除去と平和的傾向を有する政府の樹立、基本的人権の尊重の確立等を目的としていた。八月三〇日、連合国最高司令官ダグラス・マッカーサー(一八八〇～一九六四)が厚木飛行場に到着、直ちに総司令部を設置し、九月二日の上記降伏文書の調印をまって、ポツダム宣言等に基づく日本に対する占領統治を開始した。

初期の法制局調査と欽定憲法主義の放擲論

占領統治が開始された当時の内閣は、八月一七日に成立した東久邇宮《ひがしくにのみや》稔彦《なるひこ》（一八八七～一九九〇）を首班とする内閣であった。東久邇宮内閣は、マッカーサー司令部から矢継ぎばやに発せられる指令の対応と敗戦にともなう国民生活安定のための措置に忙殺され、憲法問題にまで考えを巡らす余裕はなかった。そうした敗戦直後の混乱のなかで、憲法改正問題の研究は、内閣直属の法制局の内部でいち早く事務的に取り上げられた。

すなわち、九月二日以降、ポツダム宣言・降伏文書等の法的性質、連合国最高司令官により発せられる布告・命令・指示等の法的性質が問題となり、法制局は、その性質の研究に責任を負い、また、それらの布告等と国内法制との調整に追われていた。その折り、当時、法制局第一部長であった入江俊郎（一九〇一～一九七二）は、憲法改正問題は近く必ず国内の重要問題になると考え、長官（村瀬直養《なおかい》〔一八九〇～一九六八〕）にそのことを伝え、了解をえたうえで、部内の同僚とはかり、秘かに研究に着手した。もし憲法改正問題が具体化したならば、責任部局は法制局となるであろうから、現時点で速やかに一応の検討を行うことが法制局員の任務と考えたからであった。入江は、九月一八日、「終戦ト憲法」と題したメモを作成し、そのメモをもとに、局内で少数の参事官と憲法改正問題の研究を進めた。

入江メモは、「終戦ニ伴ヒ憲法中研究ヲ要スル事項概ネ左ノ如シ」として、①軍の廃止に伴って改正を要すると思われる統帥権や兵役義務等の憲法規定、②ポツダム宣言の受諾に伴って考慮を要すべき議会の権限強化や枢密院の廃止等の問題点を列挙したものである。そのなかで、②の研究項目の最後に、「憲法第七十三条（憲法改正）ノ条項ヲ検討スルノ要ナキカ」とし、明治憲法第七三条が検討項目に挙げられている。そして、一〇月二三日の部内会議では、「極端ニ云ヘバ今回ハ〔明治憲法第七三条の〕改正手続ヲ改正シ人民ノ発議権乃至ハ少クトモ議会ノ修正権ヲ認ムルニ止メソレニ基キテ〔明治憲法の〕終局的改正ガナサルベキニ非ズヤトノ考ヘ方」、すなわち「欽定憲法主義」の「放擲」もありうるとの見通しが表明されている。

近衛・マッカーサー会談とアチソンの示唆

一九四五年一〇月四日、東久邇宮内閣の副総理格の地位にあった近衛文麿（一八九一～一九四五）国務大臣がマッカーサーと会見した折り、マッカーサーから、憲法改正の必要およびそれに対する近衛の指導について示唆・激励を受けた。ところが、近衛がマッカーサーと会見したその日、総司令部は政治的・公民的・宗教的自由に対する制限除去に関する総司令部覚書（天皇に関する自由な討議、政治犯の釈放、思想警察の全廃、統制法規撤廃など〔「自由の指令」〕）を発したことから、翌日、これを実行できないとして、内閣は総辞職した。こうして、近衛は、無官となったが、八日、先のマッカーサーとの会見に同席していた総司令部政治顧問ジョージ・アチソン（一八九六〜一九四七）の助言を求め、天皇の立法権の削減など一二項目に及ぶ憲法改正点の示唆を受けた。その最後の項目に「国民発案および一般投票《レファレンダム》による憲法改正の規定」が掲げられていた。

天皇・木戸と「憲法改正問題」

ところで、天皇は、敗戦後、ポツダム宣言のもとに再構築すべき国の姿を「平和国家」（九月四日開院式勅語）の理念に求める。その天皇が、これから先、自らの拠って立つ明治憲法が無傷であるはずはないと考えたとしても不思議ではない。『昭和天皇実録』九月二一日の記述には、それを暗示する記述が認められる（実録八―二三）。

「御文庫に内大臣木戸幸一（一八八九〜一九七七）をお召しになり、一時間余にわたり謁を賜う。内大臣は拝謁後、内大臣秘書官長松平康昌（一八九三〜一九五七）に憲法改正問題につき調査を依頼する。」

後年、木戸は、当時天皇が憲法改正問題についてどう考えていたか、その心境を次のように推理し書き記している（木戸（1）一三八）。

終戦後、私が最も心を労した問題は憲法改正の問題であった。陛下は此の問題については可成早くから拝謁の折々に御話があって、私は「如何に対処すべきかにつき種々と考へて居りますが、未だに確信ある御答は申上られません」と申上る外ないのであった。我国の憲法は欽定憲法であり、これが改正は天皇の命によりて始めて出来ることになって居る。然し終戦後の世論の動きから見て、憲法を此儘《このまま》にして置くことの出来ないことは明かであると共に、此度の改正が天皇御自身の手で行ふことの不可能なることも略見透せるところであった。

そこで私としては、将来憲法改正の問題が現実の問題として取上げらるるに当って、外部の如何なる機関が取扱ふにしても、天皇としても既に此問題については心の準備をして居られ、如何なる程度に之を改正すべきかについて研究して居られたと云ふ事蹟だけは残して置きたいと考へて居た。

要するに、木戸にとっては、これから先、どのような形で憲法改正がなされようと、欽定憲法の主体として天皇が「憲法改正」を自ら検討していた痕跡だけは留めておきたいと考えていた、というのである。

渡りに船の近衛とけんもほろろの幣原

このように、天皇と木戸は、早晩表面化するであろう憲法改正問題に手を拱《こまね》いているわけにはいかないと考えていたものと思われる。その彼らにとって、一〇月四日マッカーサーから憲法改正を示唆された近衛の動きはまさに渡りに船であった。一〇月八日の近衛・アチソン会談直後、近衛が木戸に「此儘となし荏苒《じんぜん》時を過ごす時はマ司令部より改正案を突付けらるゝの虞あり、之は欽定憲法として堪へ難きことなる故、速に善処の要ある旨交〻《こもごも》論」じ、これに対し木戸が、「容易ならざる問題故、充分の考慮を約〔した〕」(木戸(2)一二四一)ときから動き出す。

翌九日、木戸は、天皇から近衛の調査について内諾を得る。当日の『日記』には、「聖上より屢〻改正問題につき御下問あり、之については何分憲法実施以来始めての問題にて、内大臣としても只大体の見透にて奉答も致し兼ぬる」と、これまで「見透〔し〕」が立たなかったとしたうえで、近衛の進言を受け、天皇に対し「近衛公を中心に調査を進むる考へなる旨を述、右には異存なき旨の返答を得たり」と記されている。

なお、木戸は、近衛による調査の言上に先立って、当日午前、閣僚親任式に訪れた幣原喜重郎(一八七二〜一九五一)新首相(男爵)と「憲法改正問題」について協議を行っている。「男は此の問題については極めて消極的にして、〔憲法の〕運用次第にて目的を達すとの論なり。右については余も亦同論なるも、只米国(マッカーサー元帥)はその説明にては満足せず、何となれば彼は自己の手にて日本の憲法を自由主義化せり《(ママ)》との政治的意図を有するが故に、結局、改正を強要せらるべしと述ぶ。男は右に対し武力にて敵する能はず、其の場合、之を記録に留めて屈服するの外なしと論ぜられる。而し之は憲法の欽定なる点より見て由ゝ敷問題となる故、充分更に考慮を希望す」(木戸(2)一二四一)。

幣原は、憲法を改正しなくともその運用を改善することで対応できるとし、木戸もまた、そう考えるが、しかし、近衛から聴いた情報を総合して判断するならば、米国(マッカーサー司令部)は「憲法の自由主義化」を求めてきており、そうなると、運用で糊塗するわけにはいかず、「改正」を「強要」される結果になる。改正が強要されるとなると、「欽定憲法」にとっては深刻な事態である。この点について、幣原は、占領下では、そうした「強要」の事実を「記録」に残し、「屈服する」ほかないとする。こう語る幣原に対して、木戸は、もっとよく考えて欲しいと述べ、両者の協議を終えている。そして、その直後、木戸は、上記・言上に及び、天皇から近衛調査の内諾を得るのである。このとき、木戸は、幣原内閣に「憲法改正問題」への対応は期待できないと判断したのであろう。

こうして、一一日、近衛は、天皇により、ポツダム宣言に伴う明治憲法改正の要否、もし要ありとすればその範囲はどうなるかにつき調査するよう命じられ、内大臣府御用掛となり、一三日、同じく御用掛となった佐々木惣一(一八七八〜一九六五)とともに、憲法改正の研究に着手するのである。

近衛らの内大臣府調査に対する批判

近衛(小田原・入生田在)は、箱根宮の下・奈良屋別館に逗留する佐々木と、熱心に調査・研究を進めた。改正点に関する総司令部側の意向も数回にわたり両者に伝えられた。しかし、佐々木は、純粋に学者としての立場から憲法改正問題を検討し、総司令部の意向を考慮する必要はないとの態度を堅持した。これに対して、近衛の調査は、総司令部側との密接な連絡のもとに、アメリカ本国政府の意向を察知することに努めながら進められ、また、自らの改正構想を内外記者団との会見において積極的に表明した。

こうした、憲法改正問題を主導しようとする近衛の動きは、内閣と国内外の世論、そして、連合国側を刺激し、内大臣府における憲法調査に対する批判が生ずることになった。

東久邇宮内閣の総辞職後、大命降下(一〇月六日)により内閣を組織したのは、戦前、国際協調の外交を展開した幣原である。その幣原内閣(一〇月九日発足)には、一一日の閣議の席に、近衛が内大臣府御用掛に任命され、勅命により憲法改正の調査を行うことになった旨の連絡があった。その際、松本烝治（一八七七〜一九五四）国務大臣が発言し、憲法改正問題は重大な国務であり、内閣が責任をもって行うべきであって、宮中機関たる内大臣府がそれを行うのは権限外であるので直ちに抗議すべきだと強く主張し、他の閣僚もこれに同調した。そこで、幣原首相は、この旨を宮内大臣に伝えるとともに、一三日には、幣原・松本の二人が近衛と会見、抗議の意思を表明している。

ところが、二日前の一一日、幣原は、閣議に先立ち宮内大臣に対して、「宮中にての調査には異存ある訳にはあらず」との言明を行っていた（木戸（2）一二四二）。これは、組閣まえに近衛から「憲法改正に関するマッカーサー元帥の意向」を伝えられたが、「改正する必要は絶対認めない、これでいいんだ」と取り合わなかったことの行き掛かりからである（憲法調査会事務局一四七）。幣原は、一一日の閣議の席上、近衛と事前にそうした遣り取りがあったことを明言せず、近衛による内大臣府での憲法調査に勅命が下ったことのみを報告していたからである（次田七六）。

内大臣府の調査に対する批判の声は、さらに、学者の間からもあがり（宮沢俊義「憲法精神に反す内大臣府の審議」一〇月一六日付『毎日』、蠟山政道「論議を尽してしかる後に改正せよ」同日付『毎日』）、また、新聞論調にもあらわれた（「旧態依然たり」一八日付『朝日』、同日付『日本産業経済』等)。世論のなかには、純然たる法律論のほかに、当時ようやく国内で議論されるようになってきた戦争責任との関係で、新体制運動を展開し戦時体制を準備した近衛や天皇の側近として戦時中絶大な影響力を発揮した木戸内大臣が憲法改正問題に関与することに対する批判も含まれていた。そして、近衛は戦争責任者であり、憲法改正に指導的役割を果たすべきではないとの声は、アメリカの新聞論調にもあらわれる。

マッカーサーによるダメ押し

こうした世論の動きのなかで内大臣府の調査は進められたのであるが、一一月一日、総司令部は声明を発し、マッカーサーが近衛個人に対して憲法改正の調査を指示したのではないことを、公式に表明した。すなわち、マッカーサーが近衛に伝えた指示は、東久邇宮内閣の副総理であった近衛に対して、日本政府が憲法を改正しなければならないと伝えたのであり、その翌日、内閣は総辞職したのであるから、その後の近衛の行動は、総司令部とはなんら関係がない、というものであった。この態度変更は、多分に、総司令部が日本の国内外で近衛が不評になったことを考慮した結果であり、また、この間に、近衛を戦争犯罪人に指名し、逮捕する方針が確定するという動きがあったためである。

しかし、右の声明が発せられた後においても、近衛と佐々木は調査を続行し、前者は、一一月二二日、いわゆる近衛案を奉答し、後者は、二四日、いわゆる佐々木案を奉呈するとともに、その概要について御進講をおこなった。

近衛は、明治憲法第七三条について、次のような改正案を提示している。

帝国憲法改正発議ニ付キ、帝国議会モ之ニ参与シ得ルコトトス。但改正ニ関スル手続ハ之ヲ慎重ナラシムルコト必要ナルベシ。之ニ関連シ国民投票ニ依ル方法モ考究ノ要アルベシ。

近衛・佐々木の明治憲法第七三条改正案

近衛もまた、憲法改正案の発議に議会も何らかの形で「参与シ得ル」こととし、その手続に関して「国民投票」も「考究ノ要」があるとする。これは、アチソンの示唆を考慮したものである。

この点は、次の佐々木案も同じであるが、佐々木案の方がより入念である。佐々木は、「憲法改正ノ議案ヲ発スルノ手続及ビ憲法改正ヲ決定スルノ手続ニ関シ帝国議会ヲ通ジテ国民ノ間接ノ参与ヲ認メ又ハ国民ノ直接ノ参与ヲ認ムルコトハ今日政治上ノ民意主義ヲ強度ニ実現セントスル時代ニ在テハ講ゼラルルヲ要スル措置ニ属ス」として、まず、憲法改正の調査・審議を行うための「特別ノ審議機関」を設置すべきものとする。そして、議会が「憲法全体ノ改正ノ必要ヲ議決シタル場合」、「国民投票ヲ行ヒ国民投票ノ結果其ノ改正ノ必要可決セラレタルトキハ」、政府は「特別審議機関ノ審議ヲ経テ改正ノ議案ヲ作リ第七三条第一項ノ手続ヲ奏請ス」るものとする。憲法の全部改正の要否について国民投票に付すのは、それが「一般国民ノ最重大国事トシテ関心ヲ有スル事項ナレバ直接ニ其ノ意思ノ如何」を見ることにある。

また、議会が憲法改正案を議決した場合、政府は、その議案に基づいて「憲法ノ改正」を奏請するが、付議された改正案が議会で修正議決された場合には、「国民投票ヲ行ヒ国民投票ノ結果其ノ修正〔案が〕可決セラレタルトキハ」、政府は「其ノ修正ノ議案ニ基キ憲法ノ改正ヲ奏請ス」るものとする。ここでも、国民投票の手続が用いられているのは、「原案ノ如クニシテ憲法ヲ改正スルヲ可トスルカ又ハ修正案ノ如クニシテ改正スルヲ可トスルカニ付国家ノ上位諸機関慎重ニ審議スルモ其ノ間一致ヲ見ルニ至ラザルガ故ニ直接ニ一般国民ノ意思ヲ見テ之ヲ決ス」べきものと考えるからである。ここでも、今は「政治上ノ民意主義ヲ強度ニ実現セントスル」時代だ、ということが強く意識されている。

憲法問題調査委員会の設置

幣原内閣は、一九四五年一〇月九日発足したが、当初、幣原は憲法改正について消極的であった。一一日夕刻、幣原が新任のあいさつのために総司令部を訪問した際、マッカーサーは、冒頭、「「ポツダム」宣言ノ達成ニヨリ日本国民ガ数世紀ニ亘リ隷属セシメラレ来リシ伝統的社会秩序ハ是正セラレルベシ右ハ当然憲法ノ自由主義化ヲ招来スベシ」と述べたうえ、具体的改革として、①婦人の解放、②労働組合結成の奨励、③学校教育の民主化、④秘密審問司法制度の撤廃、⑤経済機構の民主化の五項目をあげた。幣原は、弾力的な明治憲法の下では、これら五項目の要請を「憲法ノ自由主義化」と理解し、立法措置等の憲法運用で十分まかなうことができると考え、それらの実現には憲法の改正を要しないと解した（五項目の要請と切り離し、「憲法ノ自由主義化」を冒頭に置いたのは、天皇の憲法改正発議〈明治憲法第七三条〉に対する総司令部側の配慮によるものであった）。

このように、幣原は、憲法改正について消極的であったが、改正の要請がマッカーサーによって事実上示唆されたこと、近衛による調査の着手によって改正問題が現実化したことから、内閣としても何らかの措置をとらざるをえないと判断し、一〇月一三日、松本国務大臣を委員長とする憲法問題調査委員会（松本委員会）設置を閣議了解した。松本委員会は、美濃部達吉（一八七三～一九四八）らを顧問とし、宮沢俊義（東京帝大教授。一八九九～一九七六）・清宮四郎（東北帝大教授。一八九八～一九八九）・河村又介や法制局の入江・佐藤達夫（第一部長。一九〇四～一九七四）らが委員として参加、同月二七日、第一回総会が開かれた。そこでの松本の説明によれば、委員会の使命は、憲法改正案を直ちに作成するというのではなく、憲法改正の必要が将来生じた場合に、如何なる点が改正の対象となるべきかについて、ひろく調査研究しておこうというものであった。しかし、一一月一〇日開催の第二回総会で、松本は、内外の情勢は誠に切実であって、憲法改正問題がきわめて近い将来に具体化することも当然予想しなければならぬと発言し、状況の急変を表明している。そうしたなかで、松本委員会は、具体的な改正案づくりに着手し、翌年二月八日、「憲法改正要綱」(松本案〔後述六五頁〕)を総司令部に提出するに至るのである。

憲法第七三条改正の要否が議題に

憲法第七三条改正の要否が「研究」対象として本格的に取り上げられる契機となったのは、一〇月三〇日開催の第一回調査会での松本発言である。その席で、松本が憲法第七三条の「解釈論、立法論」は「十分ニ研究ヲ要スル」と説いたのを受け、その後、実質的に委員会を取り仕切ることになる宮沢の作成した論点メモ(一一月二日第二回調査会提出)のなかに、憲法第七三条改正の要点が登場する。宮沢メモは、憲法改正に関して、(イ)〔改正案の〕発議権を議会にも与えるべきか、(ロ)憲法中特定の条項(例、第一条〔大日本帝国ハ万世一系ノ天皇之ヲ統治ス〕)の改正を禁ずる旨規定すべきか、(ハ)憲法改正に議会のほか、人民の参与を認めるべきか、等の論点を摘示している。この論点は、一一月一〇日に開かれた第二回総会で取り上げられ、審議されている。

この日の審議の中心は、議会にも憲法改正案の発議権を認めるべきか否か(イ)に置かれ、憲法中特定の条項の改正を禁止する旨規定すべきか否か(ロ)について、議事録には「否」との結論のみが示され、また、憲法改正に議会のほか、人民の参与も認めるべきか(ハ)については「人民投票制度ハ本問題ノミナラズ一般的ニ否定スベシ」と一蹴されている。

松本委員会が、憲法の条文全体について、一通り逐条審査を終えたのは、四五年一一月二四日の第四回総会であった。そして、この日の会議で、二日後の二六日から第八九回帝国議会が召集され、会期中(一一月二七日〜一二月一八日)、頻繁に委員会を開催できないことから、会期末を目途として、各委員が改正試案を起草するとの申し合わせがなされた。そして、一二月に入り相次いで提出された各委員の試案をみると、憲法第七三条の改正手続に関しては、同条に言及する委員のすべてが、議会にも憲法改正の発議権を認める内容のものとなっている。

国民投票方式の登場

なお、大池眞委員(衆議院書記官長。一八九六〜一九九〇)は、議会に憲法改正案の発議権を認める試案とは別に、「憲法改正(案)の議員発議権の範囲」と題するメモを作成し、そのなかで、「天皇制を護持すべきや否やを決すべき場合」には、「国民投票」もしくは「憲法会議」の方式によるべきだとしている。「国体(天皇制)を変革」すべきか否かの問題は、「国民一人一人の自由意思に依りてこそ決定せらるる重大問題であつて時の議員の意思のみによつて決定せらるべきものではない」というのが、その理由である。

河村委員も、また、大池と同様、試案とは別に、「国民投票に就いて」と題するメモを作成し、委員会に提出している。このメモは、河村が戦前から研究を重ねてきた「国民表決」「国民拒否」「諮問投票」「追認投票」「国民発案」「国民解職」等の諸制度を概説したものであるが、「我が国当面の問題としての国民投票制」と題する項目のなかで、次の方策をとるべきだとしている。

先づ憲法の改正は之を必ず国民表決に付すべきものとすることが望ましい。それは民主主義の要請に合致するのみならず、かくすることによつて新憲法は偶然や恣意やの介入のために歪曲された擬制の民意たる虞れのある議会の決議ではなくして、明示された国民の総意たることが確認されよう。それは民主主義に於ては云はば上訴の途のない最終の判決である。究極の権威が断案を下した以上、少くとも時間の経過と事情の変更によつて国民がその見解を改めるであらうと推定せられるに至る迄は、反対論を封じ論争を終熄せしめるであらう。民主主義の基礎に立つ限り少数の反対派も国民の総意に対しては反抗の口実を失ひ、納得し、鎮静せざるを得ないであらう。従つて法の権威と遵法心とは強化せられ、扇動や内乱や革命やを防止する役割の幾分を果たすであらう。一方憲法の改正は頻繁に行はれるものではないから之れを国民投票に付しても手数の煩に堪へないといふが如き弊も生じないであらう。

然し若し何等かの理由によつて国民投票制を採用し得ないとするならば、せめて改正案を国民に公表し少くとも数ケ月間研究論議を尽くさしめた後に総選挙を行ひ、新議会に於ける改正案の決議に民意が充分反映するやうな手段を講ずべきであらう。

国民投票によって憲法改正を確定すべきだとし、国民投票によらない場合には、事前に憲法改正案を国民に公表したうえで、総選挙を実施すべきだと言うのである。

議会解散・総選挙の提言

四五年の暮れも押しつまった一二月二四日、二日前の第五回総会のために上京していた河村・清宮と幹事役の宮沢ら、数名が参集して、第七回調査会（小委員会）が開催されている。その会議のなかで、次のような意見が述べられ、結論として、第七三条については「更ニ考ヘル必要アリ」ということになる。

憲法改正手続ニツイテハ、発案権（憲法改正案の発議権）ヲ議会ニモ与ヘルコトニツイテハ全員一致シテ居リ又ソレダケデアルガ更ニ憲法改正ニツイテダケデモレフエレンダムノ制度ヲ設クルベキデハナイカ、或ヒハレフエレンダムデナクテモ諸外国ノ憲法ノ様ニ、憲法改正ガ発議サレタルトキニハ国民ノ総意ニ問フ意味デ議会ガ当然解散サレルコトニスル位ハ考慮スベキデハナイカ

これは、先の河村メモからして、河村の提言ではないかと推測される。そして、二日後の一二月二六日に開かれた第六回総会で、この点が議論されている。総会の場では、国民投票に慎重な意見が支配した。

甲案・乙案の作成

こうして、一二月末までに一応の審議を終え、年明けからは委員会としての案のとりまとめに入ることになった。そこで、松本委員長は、年末休暇を利用して互いに研究し、年明け早々、今までの審議の成果をとりまとめてみよう、自分も休み中に一案を考えてみたいという趣旨のことを話し、休暇に入った。そして、松本は、正月三ヶ日明け、その言葉どおり自らの私案を脱稿、一月七日、宮中に参内した折り天皇に奏上、また、一月九日開催の第一〇回調査会にもそれを提出した。また、先の第六回総会で、「委員会ノ今後の議論のたたき台として、「大改正、小改正ノ二ツノ場合ノタメニ案ヲ、宮沢、古井(喜実(元

内務次官。一九〇三〜一九九五）〕、入江、佐藤ノ四人デックッテミルコト」になり、年明け一月四日第八回調査会を開き、宮沢らは、「現行憲法ニ徹底的改正ヲ」加える案を甲案（宮沢甲案）、「改正ヲ最小限度ニ止メタル」案を乙案（宮沢乙案）とし、甲乙両案を併行的に起草する作業に着手することになる。ただ、宮沢乙案は松本私案に依ることが可能であるとして、宮沢甲案の作成に力点が置かれた。こうして出揃った松本私案と宮沢の甲乙両案を比べてみても、憲法第七三条の規定に関しては、三案ともに、議会に改正案の発議権を認めるものの、それら諸案の間に国民投票は認めないとする点で差異はない。

要綱の作成

一月中旬になると、憲法改正案審議の具体的な手続が問題となり始める。松本委員長は、「憲法改正審議会」といった正式の機関を設け、そこに付議して政府案を正式決定、その後で、天皇に上奏するという方式を示し、法制局に、憲法改正審議会官制の作成を指示する。と同時に、宮沢に対して、審議会に付議する憲法改正案として、松本私案（小改正の宮沢乙案）をもとに、憲法改正要綱（要綱）を作成するよう依頼した。結局、二月一日、『毎日新聞』が、松本委員会の試案（宮沢甲案）をスクープした記事を載せるという事態が発生して局面は激変、総司令部の強い要請で、二月八日、要綱に松本の加筆したもの（上記「松本案」（六〇頁））が総司令部に提出されるのである。松本案の憲法第七三条に関する規定の改正部分は、次のようなものであった。

三十一　両議院ノ議員ハ各々其ノ院ノ議員三分ノ一以上ノ賛成ヲ得テ憲法改正ノ議案ヲ発議スルコトヲ得ル旨ノ規定ヲ設クルコト

この規定改正について、松本案と一緒に提出された「憲法改正案ノ大要ノ説明」には、「是レ今回ノ憲法改正中最モ重大ナル改正点ナリ」と記されている。当時にあっては、議会による改正案発議が最大の「憲法ノ自由主義化」ということであったのであろう。いまからみると、戯画的でしかないとしても。

政党・民間草案、とくに憲法研究会・憲法懇談会の「国民投票」案

一九四五年の暮れから翌年三月頃にかけて、内大臣府における近衛・佐々木の調査や松本委員会の調査活動に刺激されて、政党、民間グループや個人が憲法改正案を起草し、相次いで発表している。

政党の諸案

大政翼賛体制のもとで、戦時中、解散させられていた政党の復活は、敗戦直後から準備されていたが、戦後の混乱状況のなかで、社会党が一九四五年一一月二日、

自由党が同月九日、進歩党が同月一六日にそれぞれ結成され、また、共産党も「自由の指令」(上述四九頁)後その活動を開始した。そして共産党は、一一月一一日、いち早く「新憲法の骨子」を発表するが、その前置きに「新憲法は将来民主議会に於て制定さるべきである」と述べるにとどまるものであった。翌四六年一月二一日には自由党、二月一四日には進歩党、そして同月二四日には社会党が各々憲法改正案を発表する。それらのうち、自由党と進歩党の案は、松本案と同様、憲法改正案の発議権を議会にも付与するというものであった。これに対して、社会党案は、議会(二院制)の権限を強化し、そのうえさらに、国民投票による議会解散と内閣不信任の途を開いたためか、憲法改正については、憲法第七三条の議決要件を緩和し、「議員三分の二以上の出席及び出席議員の半数以上〔超?〕の同意」で足りるとするものであった。

憲法研究会案

民間グループや個人の憲法改正試案は、一九四五年の年末から翌春にかけて公表されるが、憲法改正手続との関連で注目すべきは憲法研究会案と高野私案および憲法懇話会案の三案である。

四五年一一月初旬、高野岩三郎(統計学者・社会運動家。一八七一〜一九四九)、鈴木安蔵(憲政史研究者。一九〇四〜一九八三)、杉森孝次郎(政治評論家。一八八一〜一九六八)、森戸辰男(経済学者。一八八八〜一九八四)、室伏高信(ジャーナリスト。一八九二〜一九七〇)、岩淵辰雄(政治評論家。一

八九二〜一九七五)らによって組織された憲法研究会は、同年一二月「憲法草案要綱」(憲法研究会案)を作成し、同月二六日政府とGHQ(英文)にそれを手渡している。

憲法研究会案は、もはや、これまでの君主主権主義・欽定憲法主義は問題たり得ず、新たに民主主義的原則に基づく憲法を制定すべきだとの立場から、統治権は国民に由来し、天皇は「国家的儀礼」を行うに過ぎぬといった内容の憲法を、国民が自らの手で確定すべきだとするものであった。ただ、現状では一挙に新憲法の制定にもっていくのは難しいとの情勢判断から、同案は、明治憲法を一度改正したうえで、新憲法の制定を実現するという、次のような二段階方式を採用する。

一、憲法ハ立法〔議会の議決の意か〕ニヨリ改正ス但シ議員ノ三分ノ二以上ノ出席及出席議員ノ半数以上〔超?〕ノ同意アルヲ要ス
国民請願ニ基キ国民投票ヲ以テ憲法ノ改正ヲ決スル場合ニ於テハ有権者ノ過半数ノ同意アルコトヲ要ス

……………………

一、此ノ憲法公布後遅クモ十年以内ニ国民投票ニヨル新憲法ノ制定ヲナスヘシ

この案で、一〇年以内に国民投票で新憲法を制定すべきだとされたのは、「ともかくいま作るものは暫定的な憲法たらざるを得ない。少なくとも一〇年後に新たな憲法制定会議を招集して、本当に国民自身の間で討議し、その一〇年の経験を見て、理想的な憲法を作るようにすべきである」(森戸)との提言によるものであった。

なお、立案の過程で、明治憲法第七三条について、①国民は憲法改正の請願をなしうること、②憲法改正案は議会の議決だけではなく、国民の要望があるとき国民投票に付して決定すべきこと、③国民投票は、憲法改正以外の国家の大事についても、これをなすべきものとすること、等が検討されていた(鈴木二四四、二五七)。

高野私案

ところで、憲法研究会の天皇制に関する討議において、自らの見解に多数の賛同を得られなかった高野は、一二月二八日、「改正憲法私案要綱」と題した独自の試案(高野私案)を公表する。高野私案は、天皇制を廃止し大統領制を採用する大胆な構想であるが、そこでは、「憲法ノ改正及ビ国民投票」と題して、次のように記されていた。

将来此ノ憲法ノ条項ヲ改正スルノ必要アリト認メタルトキハ大統領又ハ第一院若クハ第

二院ハ議案ヲ作成シ之ヲ議会ノ議ニ附スベシ
此ノ場合ニ於テ両院ハ各々其ノ議員三分ノ二以上出席スルニ非ザレバ議事ヲ開クコトヲ得ズ出席議員三分ノ二以上ノ多数ヲ得ルニ非ザレバ改正ノ議決ヲナスコトヲ得ズ
国民全般ノ利害ニ関係アル問題ヲシテ国民投票ニ附スル必要アリト認ムル事項アルトキハ前掲憲法改正ノ規定ニ準ジテ其ノ可否ヲ決スベシ

やや判りにくいが、これは、憲法改正その他国民全般の利害に関係がある問題について、上記の議会の手続を準用して、国民投票に付するか否かを判断すべきだとするものである。天皇制を前提とするものの、これとほぼ同様の考え方は、「最モ重要ナル国務ヲ決定スルカ為必要アリト認ムルトキハ天皇ノ発議ニ依リ国民ノ直接投票(レフエレンダム)ニ諮《と》フノ途ヲ啓《ひら》クト共ニ議会モ亦第七三条第二項《ママ》〔第一文〕及第三項《ママ》〔第二項第二文〕ノ特別決議ニ依リ之ヲ要請シ得ルモノ」とした大日本弁護士会連合会憲法改正案でも示されている。これは、国民投票に付するか否かを、議会の判断に留保するものである(こうした国政の重要課題に関する国民投票制の導入論は、国民投票法の制定過程でも議論され、現在に至っている。後述、一四年法制定時の「確認書」〔一二八頁〕参照)。

憲法懇談会案

一九四六年三月五日、尾崎行雄（政治家。一八五八〜一九五四）、岩波茂雄（出版人。一八八一〜一九四六）、稲田正次（憲法学者。一九〇二〜一九八四）、海野晋吉（弁護士。一八八五〜一九六八）らからなる憲法懇談会が公表した「日本国憲法草案」（懇談会案）は、議会の議決した憲法改正案について、国民が国民投票によってこれを決し、確定するというものであった。懇談会案は、「憲法改正及附則」の章において次のような規定を置く。

第八十七条　憲法改正ハ政府又ハ両議院之ヲ発議スルコトヲ得

此ノ場合ニ於テ両議院ハ各其ノ総員三分ノ二以上出席スルニ非サレハ議事ヲ開クコトヲ得ス、出席議員三分ノ二以上ノ多数ヲ得ルニ非サレハ改正ノ議決ヲ為スコトヲ得ス

第八十八条　議会ノ議決ヲ経タル憲法改正ハ別ニ法律ノ定ムル所ニ従ヒ国民投票ニ付スヘシ

天皇ハ国民投票ニ於テ国民ノ多数ノ賛成ヲ得タル憲法改正ヲ裁可シ其ノ公布ヲ命スヘシ

これは、日本政府がマッカーサー草案に基づいて作成した憲法改正草案要綱を発表する前日に公表されたものであるが、後に日本国憲法第九六条として確定する内容（後述八七頁）との間

に――懇談会案が明治憲法下の天皇の裁可権を前提としている点を除けば――さしたる径庭は認められない。

2 マッカーサー草案と第九六条

憲法改正に対するアメリカ政府の基本方針

沖縄で苛烈な戦闘が行われていた一九四五年六月、アメリカ政府は、本土攻略作戦を策定する。それによれば、最終的に関東侵攻作戦が終了するのは、翌年一一月と予定されていた。ところが、実際には、同年八月、日本は降伏し、直ちに占領が開始されることとなった。そのため、占領初期において、アメリカ政府は、天皇制の問題を含めて戦後日本の憲法体制をどうするかについて、政府部内で前年から検討がなされていたものの(坂本/ウォード四七)、具体的な方針は定まっていなかった。八月二九日、連合国最高司令官マッカーサー元帥のもとに届けられた「降伏後に於ける米国の初期の対日方針」や一一月一日付の「日本占領及び管理のための連合国最高司令官に対する降伏後における初期の基本指令」には、憲法改正問題について直接言及するところはなかった。この問題に関するアメリカ政府の具体的方針が「日本の統治制度の改革」と題する文書

（SWNCC－二二八《スウィンク・トゥー・トゥー・エイト》）として採択されたのは、一九四六年一月七日のことであり、それがマッカーサーのもとに「情報」ないし「参考資料」として送付されてきたのは、同月一一日のことであった。

SWNCC－二二八は、冒頭で「最高司令官は、日本政府当局に対し、日本の統治体制が次のような一般的な目的を達成するように改革さるべきことについて、注意を喚起しなければならない」とする。そして、そこでは、まず、選挙権の拡大、選挙民に対して責任を負う政府の樹立、国民代表議会に対して責任を負う行政府の確立、基本的人権の保障などとともに、「日本国民が、その自由意思を表明しうる方法で、憲法改正または憲法を起草し、採択すること」が改革の目的として挙げられている。すなわち、明治憲法を改正するにせよ、新たな憲法を起草するにせよ、その方法は「日本国民が自由にその意思を表明する」ものでなくてはならない、というのである。

次いで、「日本における最終的な統治形態は、日本国民が自由に表明した意思によって決定さるべきものである」とするバーンズ回答（上述四七頁）が再確認されたうえで、明治憲法下の天皇制を現状のまま維持することは、この目的に合致しないとされる。すなわち、天皇制を維持するか否かについては、日本国民の自由に表明した意思によって決定すべきものとするのである。
そして、日本国民が天皇制を維持すべきでないと決定したときは、最高司令官は、憲法が上記の目的に合致し、さらに、国民代表議会の承認した――憲法改正を含む――立法措置に関して、政府の他のいかなる機関も、暫定的拒否権のみを有することについて、注意を喚起しなければならないとする。ここでは、議会が「憲法改正権」を有するかのごとき書きぶりになっている。しかし、その前提として、憲法の改正ないし起草は「国民の自由な意思表明」の方法によらなくてはならないとする先の目的に「合致」することが求められていること、すなわち、憲法の改正・起草は本来的に国民に留保されていることからして、議会の「措置」は国民が自ら議会にその権限を委ねた場合に限定された条件づきのものと観念されていたと解すべきであろう。

ラウエルの調査・研究

SWNCC－二二八の文書がマッカーサーのもとに届けられた一月一一日、「私的グループによる憲法改正草案に対する所見」(所見)と題したもう一通の文書が、ホイットニー民政局長(一八九七～一九六九)から幕僚長に提出される。それは、部下のラウエル中佐(法規課長。一九〇三～一九七七)が作成した、憲法研究会案(上述六七頁)に関するコメントであった。弁護士資格を持つラウエルは、戦前、宣教師の父が長野市で布教活動をしていたことから、幼少時代を同地で過ごした経験もあってか、日本の憲法問題への関心が深く、すでに一九四五年一二月六日には、「日本の憲法についての準備的研究と提案」(「準備的研究」)と題する文書を作成し、明治憲法の問題点について詳細な分析を試みていた(高柳他⑴)。その彼が、一二月二六日の憲法研究会案に着目し、年末から年始にかけて検討を加えたものであった。

先の準備的研究において、ラウエルは、過去二〇年間、軍国主義者が日本の政治を支配しえたのは、憲法上の権限の濫用によるものであったとし、民主主義的傾向を伸張するためには、そうした濫用を抑止するための憲法改正が必要だとする。また、そこでは、「憲法改正権が国民に与えられていないこと」が、憲法上の問題点の一つとして指摘されていた。そして、続く所見では、国民が要望したときは国民投票に付して憲法改正案を決定すべきものとした憲法研究会案を念頭に置いたものと思われるが、「憲法の改正は、国民の過半数の投票による承認をえて、はじめて有効になるものとすること」とのコメントが加えられている。

『毎日』スクープ記事と総司令部の方針転換

ＳＷＮＣＣ－二二八がマッカーサーのもとに届き、ラウエルの所見が幕僚長に提出された一月一〇日過ぎは、松本委員会での松本案の作成に向けた活動が急ピッチで進められていた時期であった。この松本委員会の動きは、総司令部も非公式なルートを通じて知っており、総司令部の関心は、近々提出されてくるであろう松本案の内容にあった。総司令部が、松本案の提示を督促しだすのもこの頃からである。

事態が急変し、局面が転換するのは、上述(六五頁)のように、『毎日新聞』が松本委員会の改正案を掲載した二月一日である。記事の見出しは、「憲法改正・調査会の試案――立憲君主主義を確立・国民に勤労の権利・義務」となっていた。スクープされた案は、宮沢甲案とほぼ同じ内容のもので、それは、松本案の土台とされたものではなかった。日本政府は、この記事に対して、同日、次の声明を発し、松本委員会の案とは無関係だとした。

本日一部の新聞紙上に憲法問題調査委員会試案なりとして掲載せられた憲法改正案は、同調査委員会の案とは全く関係のないものである。勿論、調査委員会としては、改正案の審議に際し、ただに顧問、委員のみならず各方面の意見を参考にしているのであるから、あるいは新聞に掲載せられたるものが、これら参考資料のあるものと偶然にある程度一致しているかも知れない。しかし、いずれにせよ、現在閣議で検討中の委員会案とは全く別個のものである。

日本政府の否定にもかかわらず、総司令部は、このスクープ記事が松本案に相違ないと判断した。そして、この案が新聞に掲載されたのは、政府が、総司令部や国民の反応をみるために上げた観測気球だろうと推測した（すっぱ抜いたのは毎日新聞政治部記者・西山柳造〔一九一六～二〇〇五〕であるが、晩年、「観測気球」といった政治的背景を否定している〔九七年五月三日付『毎日』参照〕）。そして、総司令部側は、新聞報道された憲法改正案の内容が余りにも保守的であることに強い衝撃をうけ、天皇の政府に全面的に委ねてきたこれまでの方針を転換して、総司令部自らが原案を作成し、日本政府に提示することを決定する。二月三日のことである。なお、従来の方針を転換し、憲法改正作業を急いだ背景には、二月二六日に活動を開始する極東委員会が憲法改正問題の最終的決定権を有することになるので、そうなれば最高司令官の権限は大きな制約を受けるという事態が予測されたことにある。しかし、二月はじめのこの時点では、最高司令官が――天皇の退位を除く――「日本の憲法構造」の変革について、なお無制限の権限を有していたということである（高柳他九七）。

マッカーサー・ノート

マッカーサーは、二月一日、ホイットニー民政局長に対して、近く提出してくるであろう松本案を拒否する回答書の作成を命じた。と同時に、憲法改正に関する基本的原則を日本政府に教示する最も有効な方法は、その基本原則を具体化した憲法草案を総司令部みずからが作成して、これを日本政府に提示することだと判断し、同月三日、自ら、この判断をホイットニーに伝え、その起案を命じた。その際、マッカーサーは、①天皇は国家の元首の地位〔首部〕にある(at the head of the state)、②戦争の放棄・軍備の撤廃、③封建制度の廃止等の三原則を指示した(マッカーサー・ノート)。そして、このマッカーサー・ノートが、SWNCC－二二八とともに、総司令部案の作成を命じられた民政局における立案作業を実質的に拘束する文書として取り扱われた。

マッカーサーの指示に基づいて、ホイットニーの指揮下、民政局内で、極秘裏に、草案の起草が始まったのは二月四日であり、原案が脱稿したのは同月一〇日、そして、マッカーサーによって最終案として承認され、確定したのは一二日のことであった。この起草作業に従事したのは、主として民政局員であり、彼らは、全体の監督と調整にあたる運営委員会(「運営委」)と「立法」「行政」「司法」「人権」「地方行政」「財政」「天皇・条約・授権規定」「前文」に関する八つの小委員会に編成された。

憲法第九六条の原案(第一次試案)の策定とその内容

憲法改正手続を定めた憲法第九六条の原案は、「天皇・条約・授権規定」に関する小委員会(「天皇等小委」)で立案された。委員は、ジヨージ・ネルスン陸軍中尉とリチャード・プール海軍少尉（一九一九〜二〇〇六）であった。彼らの作成した第一次試案は、二月六日、運営委との会合で議論される。その内容は、当日の会議メモによれば、①最初の一〇年間は憲法改正権の発動を凍結、②その後、一〇年ごとに、憲法改正を検討するために、国会（一院制）の特別会を召集、③憲法改正は、国会の三分の二以上の多数で発議、国会の四分の三以上の多数で承認され、成立するというものであった（高柳他一三五〜一三六）。そこでは、国民自らではなく、国民の代表たる国会が定期的に憲法改正権を行使しうるものとされていた。

この第一次試案は、ケーディス（民政局行政課長。一九〇六〜一九九六）、ハッシー（同政務課長。一八九九〜一九四七）、ラウエルの三人で構成する上記運営委との会合で検討された。とくに問題とされたのは、憲法制定後一〇年間、その改正を禁じ、また、その後も一〇年ごとに見直すとの要件を付している点であった。起案者によれば、それは、日本国民にはまだ民主主義を運用する用意ができていないので、この制限によって、国民が新たに獲得した民主主義を、その習得中に失ってしまうことのないようにし、その後一〇年ごとの見直し要件を付したのは、単なる多数派の政治的気まぐれによってほしいままに憲法改正がなされないようにしたというものであった。

運営委による原案修正

これに対して、運営委は、憲法を保護するという目的で改正権の行使・発動を限定することについて、「理論と実際の両面から」反論した。すなわち、理論的に、①自由主義的な憲法の起草は、責任ある選挙民を前提にしなければならないこと、②いかなる世代にせよ、ある世代に次の世代が憲法を改正する自由を制約する権利はないこと、③憲法は、相当な永続性をもつ文書でなくてはならないとともに、弾力性をもつ文書でもなければならないこと、そして、実際に、④その改正手続は、複雑なものでなく、簡明なものでなくてはならない、としたのである。

理論的な①②の言明は、国民に憲法制定ないし改正権力の究極の淵源があり、それゆえ、ある世代の国民による憲法改正もしくはその国民からその権力を移譲された特別議会による憲法改正は、後の世代の改正権発動を阻止しうるものではないとする、植民地時代からの伝統的な思想に基づくものである（モーガン二三五）。また、③は、硬性憲法の改正手続を語る場合には自明の事柄であり、そして、④は、立法技術的に当然留意しなければならない点を指摘したまでのことであろう（この④は、後述〔八五頁〕のごとく、最終案で生かされる）。

これらの言明に加えて、ケーディスは、「一〇年ごとに憲法を再検討しなければならぬという規定は削除した方がよい」とし、また、ハッシーは、「憲法改正は国会が総議員の三分の二以上の賛成をえて発議し、選挙民の過半数の賛成によって承認されるものとしてはどうか」との意見を述べている。ケーディスの見直し規定削除論は、憲法の妥当性(validity)は国民に由来し、その主権は実力(strength)に依拠し、何らの制約に服するものでもないとする当時の彼の持論(高柳他一四三、二四九)を述べたまでのことであろう。ハッシーは、すべての国家において国民を支配する高次の法ないし普遍的な政治道徳が存在すると考える点において、ケーディスと思想・哲学を異にしていたが、しかし、国家を規律する憲法は本来的に国民から発するものだとする点ではケーディスと同じ理解であったと思われる。両者ともに、国民は、憲法の安定性に配慮しつつ、必要に応じて随時、改正権を行使すればよいのであって、定期的にこれを行使しなければならぬといった性質のものではあるまいと考えていたのであろう。

第二次試案と最高裁の違憲審査権限との符合性

二月六日の協議の結果、第一次試案は、運営委の意向に沿った形で大幅に書き換えられる。二項からなる次の第二次試案がそれである(高柳他一四九)。

①この憲法の改正は、国会のみが、その総議員の四分の三の同意をえて行なうものとし、このような国会の議決があれば、その改正は、この憲法と一体を成すものとして、効

力を生ずる。ただし、第○章〔人権の章〕の改正の場合には、その改正は、さらに選挙民による承認を求め、投票した国民の三分の二以上によって承認されたときにおいてのみ、効力を生ずるものとする。

② この憲法の改正が前項に定める方法に従い効力を生じた場合には、天皇は、国民の名で、この憲法と一体を成すものとして、直ちにこれを宣布する。

第二次試案では、運営委の指示に基づいて、第一次試案にあった一〇年という要件はすべて取り除かれ、また、人権規定の改正については、国民が、直接、憲法改正権を発動する方途が開かれた。

この試案は、最高裁に違憲審査権を付与するが、人権の章に関するもの以外の憲法判断は国会の審査に服するとした、司法部に関する章についての小委員会(「司法小委」)第二案に符合する。司法小委は、ハッシー、ラウエルそして秘書役のマーガレット・ストウン嬢により構成されていた。その第一案はハッシーが素案を作成し、それにラウエルが手を加えたものであった。第一案では、最高裁裁判官は終身官として任命され、行政裁判所の廃止によって強大な司法権を保持し、独立して司法行政権を行使し、また、規則制定の立法権をも有するとされた。これに対して、二月七日の運営委との会合で、ケーディスは、「政府の他のすべての部門を支配する司法的寡頭制ができあがる可能性がある」と批判した。しかし、ラウエルは、司法的寡頭制は起こりえないとし、その理由は、「権利章典中の規定に関する判決以外の一切の判決を審査する権限が〔国会に〕与えられているからだ」とした。ケーディスがこの説明に納得したかどうかは判らないが、七日の討議を経た後に作成された第二案（違憲審査権に関する第六〇条の規定）では、第一案の表現が整理されたうえで、次のようになっている。

……法律、命令、規則または処分の合憲性が問題となった場合に、最高裁判所の判決が第　章のもとで生じた事件または同章に関連する事件についてなされたものであるときは、その判決は最終的である。しかし、法律、命令、規則または処分の合憲性が問題となった場合で、最高裁判所の判決がそれ以外の事件についてなされたものであるときは、その判決は、国会の審査に服する。審査の対象となった最高裁判所の判決は、国会の総議員の三分の二以上の賛成投票があったときに限り、くつがえされる。……

この最高裁の違憲審査権に関する第二案に、先の憲法改正権に関する第二次試案を重ね合わせて見ると、次のことが判る。まず最高裁が憲法の人権規定以外の部分に関連する法令について違憲判決を下した場合、国会は、当該判決に従って法令を改廃するほか、三分の二以上の賛成投票で当該判決を破棄するか、または、四分の三の同意を得て、憲法規定を改正するか、いずれかの方法をとりうる。他方、憲法の人権規定に関連する法令について、最高裁が違憲判決を下した場合、国会は、当該判決の憲法解釈に従い、違憲とされた法令を改廃しなければならないが、しかし、議員の四分の三の同意を得て、憲法改正の発議を行い、国民投票にかけて国民の三分の二以上の賛成を得て憲法改正という手段でこれをくつがえすという方法もとりうる。つまり、人権規定およびそれと関連する事案について、最高裁の憲法判断を終局的にくつがえしうるのは、主権者たる国民だというものである。これは、国民の代表者たる議会に憲法改正権が留保されているとした第一次試案とは、その性格を異にするものである。

最終草案(マッカーサー草案)の改正手続規定とその総括

最終草案は、運営委員会において案文の最後の調整が行われ、その完成をみた。一二日、マッカーサーのもとに届けられ、その承認を受け、ここに、マッカーサー草案として確定した。そして、同草案は、一三日、松本・吉田ら日本政府に手交された。

憲法改正に関する手続規定(マッカーサー草案第八九条)は、第二次試案(上述八一〜八二頁)に比して簡明化されたものとなる。同草案第八九条は、次のように規定する(高柳他三〇一)。

第八九条　この憲法の改正は、総議員の三分の二の賛成で、国会が、これを発議し、国民に提案してその承認を経なければならない。この承認には、国会の定める選挙の際行われる投票において、その過半数の賛成を必要とする。

憲法改正について前項の承認を経たときは、天皇は、国民の名で、この憲法と一体を成すものとして、直ちにこれを宣布する。

ここでは、憲法改正行為は、国民が主権的権力を直接、発動するものであることがより明確になる。すなわち、第二次試案と比べて、国会の議決と国民の承認について、いずれもその成立要件が緩和されており(国会の議決は総議員の四分の三から三分の二へ、国民投票は三分の二から過半数へと変更)、二月六日の協議(上述八〇～八一頁)でハッシーが提唱した手続案に従っている。また、国民投票にかけられる対象が、第二次試案では人権の章に限定されていたのに対して、すべての憲法条項に拡大されている。

第一次試案から最終のマッカーサー草案に至る改正規定の立案過程について、総司令部は、一九四九年の連合国最高司令部民政局『日本の政治的再編成』のなかで、次のように総括している(民政局一〇三、小島他訳三九〜四〇)。

「憲法改正に関する〔小〕委員会」は、もし反動勢力が政権を獲得したとすると、この憲法は完全に無力化される重大な危険があるから、十年間改正を発案する権利を制限するという一条を提案した。しかし、運営委員会は、自由な憲法の起草は責任ある選挙民の存在を前提にすべきであり、できる限り日本人は自己の政治制度を発展させる権利を与えられるべきである、と定めた。この条項は、最終草案で実質上自由主義化された。

この記述から、第一次試案を検討した運営委員会の判断がそれ以降の案文作成を支配し、最終草案に行き着いたことが判る。

二院制採用に伴う案文の整理

ここで、マッカーサー草案が日本政府に提示された後の第八九条規定の変化について、三点、指摘しておこう。第一に、同草案は一院制の国会であったが、日本政府の要請で二院制が採用されたことに伴い、国会の発議が、衆参各院で総議員の三分の二以上の特別多数の賛成を要することとなった。そのため、一院制を採用していたマッカーサー草案に比して、国会による憲法改正発議が相当に難しくなったということである。第二に、同草案に示された「国民の承認」手続として、「特別の国民投票」と「国会の定める選挙の際行はれる投票」の二つの方式が明記されたことである。これは、国民投票が選挙と一緒でなければならないというのでは不便だとして修正されたものである。第三は、日本案作成の過程で条項が整理された結果、条文番号が最終的に第九六条となったということである。

第九六条　この憲法の改正は、各議院の総議員の三分の二以上の賛成で、国会が、これを発議し、国民に提案してその承認を経なければならない。この承認には、特別の国民投票又は国会の定める選挙の際行はれる投票において、その過半数の賛成を必要とする。
憲法改正について前項の承認を経たときは、天皇は、国民の名で、この憲法と一体を成すものとして、直ちにこれを公布する。

想定問答・議会答弁にみる憲法改正権の性質

このように、憲法第九六条の沿革をたどり、その立案・起草過程で展開された議論の素描から明らかなことは、「新憲法は……その改正」

について、「主権在国民の原理に徹した新しい手続」を設けたということである（法制局六二）。その端的な表現が、憲法改正案は国会が発議し、国民に提案して、その承認を経なければならないとする点にある。これについて、議会審議のために法制局が作成した『憲法改正案に関する想定問答（第七輯）』（一九四六年五月）のなかで、次のように説明されている。

問　国会が国権の最高機関なるにかかはらず、何故憲法の改正権はその本体が国民にあるか。

答　国会が国権の最高機関だといふことは、換言すれば憲法上の国権に関する憲法上の諸機関の中では国会が最高であるやうに憲法上できてゐる旨を説明してゐる規定であるが、これに反して、そもそも憲法改正とは、憲法制定力自体に余程近い問題であり、憲法以前の実体と不可分裡に考ふべき問題であつて、その結果前文（「国民の総意が至高なものであること［国民主権］を宣言し、この憲法を確定する」）の精神に対応し、その権限を国民に与へたのである。

これは、国権の最高機関たる国会が保持する立法権とは違って、憲法改正権は、「憲法制定

〔権〕力」という「憲法以前の実体〔力〕」と不可分なものであり、主権者たる国民がこの憲法を確定したとする前文の趣旨からして、当然、国民がこの権力を保持すべきものだ、とするのである。このことは、憲法改正案が審議された第九〇回帝国議会における金森国務大臣の、上記想定問答を踏まえた、次の答弁からも明らかである（一九四六年九月二五日貴族院憲法改正特別委員会）。

此ノ憲法ノ改正案ノ前文ニアリマスヤウニ、国ノ一番基本的ナル問題ヲ解決致シマスルノハ、国民ガ最後ノ鍵ヲ握ツテ居ル斯ウ云フ形デ今後ノ憲法ノ建前ガ出来ル訳デアリマス、従ツテ所謂憲法制定権ト云フモノト立法権ト云フモノハ、観念的ニ区別ヲサレマシテ、憲法ノ制定ハ結局国民ノ意思ヲ直接ナル方法デ表明スル、立法権ハサウデハナクシテ、国民ガ選挙致シマシタル所ノ国会ニ依ツテ表明セラレル、斯ウ云フ基本ノ建前ヲ執ツテ居ル訳デアリマス、……是カラ此ノ民主政治ヲ徹底致シマスル結果トシテ、国ノ制度ノ一番基本的ナモノハ、一番基本的ナ方法、即チ国民ノ直接ナル意思ノ表示ニ依ツテ決スルコトガ、先ヅ妥当ナリト考ヘラレル次第デアリマス、其ノ前提ニ依リマシテ、一応ハ国会ニ於テ改正案ヲ発案〔議〕ヲ……シタモノヲ決メルノハ、国民ノ投票デアルト云フ風ニ致シタノデアリマス。

これが、憲法第九六条に規定された憲法改正権の本質ないし性格に関する政府の最初の公式見解である。そこでは、憲法改正権が、国民の憲法制定権力に由来する、立法権とは区別されるべき、国民のみが保持し行使しうる権力だとされている。

第三章　憲法改正手続法はどのようにして作られたか

1　なぜ、遅れたのか——歴代首相の封印

憲法第九六条と手続法整備の要請

憲法第九六条は、「この憲法の改正は、各議院の総議員の三分の二以上の賛成で、国会が、これを発議し、国民に提案してその承認を経なければならない」とし、国民による承認は「特別の国民投票又は国会の定める選挙の際行はれる投票において、その過半数の賛成を必要とする」と定める（同条第一項）。そして、国民の承認を経たとき、「天皇は、国民の名で、この憲法と一体を成すものとして、直ちにこれを公布する」と定める（同条第二項）。このことから、憲法の改正には、①国会による憲法改正案の「発議」、②国民投票による国民の「承認」、③天皇の「公布」という三つの手続を経なければならないことがわかる。

このうち、③は、法律、政令および条約の公布と同様、天皇の国事行為（憲法第七条第一号）として行われるので、「憲法改正」だからといって、特別の手続法の整備が必要とされるわけではない。天皇は、法律の公布と同じ手続で、内閣の助言・承認に基づいて憲法改正の公布を行えばよいだけである。現憲法上、それ以上のことは要求されないが、明治憲法下では、公式令（明治四〇勅第六）で公布の形式が定められていた。しかし、公式令は、一九四七年五月三日限りで廃止され（政第四）、日本国憲法のもとで、これにかわる法律は今日に至るまで制定されていない。そのため、旧憲法下で行われていた公布文による公布の形式が、現在でも踏襲されている。平成の現在では、次のような公布文によって法律の公布が行われている。

○○法律をここに公布する
　御名　御璽
　　平成　年　月　日
　　　　内閣総理大臣　氏　名

憲法改正の公布も、基本的に、このパターンが採用されるものと思われる。ただ、法律の場合と違って、憲法改正の公布文には「国民の名で」という言葉を明記することが憲法上要求されているものと解せられる。すなわち、憲法改正は、主権者たる国民がみずから憲法改正権を行使して「承認」したものであることから、その公布文にも「国民の名で」を入れるのが、憲法上も求められているのである。

これに対して、上記①の発議および②の国民投票に関する手続については、実際上、法律の整備が必要である(もちろん、③について憲法第九六条の改正手続法の整備に関連させて、憲法第七条の公布等に関する公式法の整備を試みるという考え方もありうる)。①は、国会法に、憲法改正案の発議に至る衆参両院の手続規定等を追加修正しなければならず、②は、憲法改正国民投票法といった名称の法律(以下「国民投票法」)を準備しなくてはならない。つまり、①②については、法律で具体的な手続を設けなければ、そもそも、憲法第九六条の規定は画餅に過ぎない。そこで、本章でみるごとく、紆余曲折を経てその整備がなされたのである。

憲法制定時の手続整備における「出しそびれ」

一九四六年二月一三日、連合国総司令部からマッカーサー草案を手渡された幣原内閣は、これをもとに日本政府案を作成し、三月六日、「憲法改正草案要綱」として国民にはじめてその概要を公表する。

そして、同月一四日、憲法改正の作業工程に関する方針を発表し、憲法改正案を、婦人参政権を定めた新選挙法による衆議院議員総選挙〔四月一〇日施行〕後に召集される特別議会に提出するとともに、憲法改正に伴う法制整備のための調査会の設置を明らかにした。そのなかで、整備の対象とされる法制として、（a）皇室典範の改正〔実際には明治憲法下の皇室典範とはその性質を異にする新皇室典範〔法律〕の制定〕、（b）議院法の改正〔これも、議院法に代えて国会法の制定〕、（c）参議院〔議員選挙〕法の制定、（d）内閣官制法〔内閣法〕の制定、（e）公式令に代わるべき法律の制定〔これは上述のように、現在に至るまで未整備〕、（f）官吏法〔国家公務員法〕の制定、（g）裁判所構成法の改正〔裁判所構成法に代わる裁判所法の制定〕、（h）判事〔裁判官〕弾劾法の制定、（i）地方自治団体に関する諸法律の改正〔地方自治法等の制定〕などに加えて、「国民投票法の制定」が挙げられていた〔入江三一―三〕。

そして、七月三日、首相のもとに臨時法制調査会が設置され、以後、議会での憲法改正案審議と並行して、改正憲法の実施に必要な法案の作成作業が進行した。そこでも、新たに「制定を要するもの」として、「国民投票法」が指示されていた。しかし、このときの法整備は、「極度の時間の制約」のなかで、新たな「憲法を施行する為に是非共改廃しなければならぬ」法律の制定または改正の作業が優先されたため、憲法第九六条にかかる法整備の着手にまでは手が回らなかった〔芦部他五四〕。後年、佐藤達夫〔一九五三年当時、法制局長官〕は、選挙制度調査会の作成した憲法改正国民投票法案要綱に関連して、「実はこの法案は憲法改正の直後に、すなわち昭和二二(一九四七)年の五月あたりにつくっておけば非常によかったと思うのでありますけれども、つい出しそびれてしまいまして、時期が妙なことになってしまったわけです」と述懐している(一九五三年一二月一一日衆議院外務委員会)。この出しそびれが、その後における国民投票法の扱いに大きく響くこととなる。

講和・独立時の選挙制度調査会による手続法起案の試み

日本国憲法が施行された後、憲法第九六条に関する手続法の整備に最初に着手したのは、吉田首相のもとに設置されていた選挙制度調査会であった。吉田は、その第三次調査会に対して、講和・独立時の一九五一年、「憲法改正に関する国民投票制度について」諮問し、翌五二年一二月二日、「日本国憲法の改正に関する国民投票制度要綱」(以下「要綱」)が、調査会から首相に答申された。それは、「日本国憲法の改正に関する国会の発議及び提案について、すみやかに国会法その他において議事手続その他の規定を整備されたい」との附帯事項が付された全一四項目からなる答申であった。後述(第四章)する二〇〇七年制定の「日本国憲法の改正手続に関する法律」(〇七年法)との関係で注目すべきだと思われる項目をいくつか、列記しておこう。

まず、①国民投票の投票権を有する者について、答申は「衆議院議員の選挙権を有する者」

とする。次に②投票用紙について、「賛成、反対の両欄を設け、そのいずれかを採るかを記号によって表示させる記号式とする」ものとしている。さらに③賛否不明の投票は無効とし、賛成投票が有効投票の過半数であるときは、国民の承認を経たものとする。また④憲法改正案は、中央選挙管理会が国民の承認を経た旨の告示をしたときには、直ちに公布施行することができるものとする。ただ⑤国民投票に関し異議がある投票権者は、国民投票の結果の告示の日から三〇日以内に東京高等裁判所に出訴し、その判決に不服がある者は、さらに最高裁判所に上告することができるものとする。これを受けて、裁判所は、速やかにその裁判をしなければならないものとし、投票の結果に異動を及ぼす虞がある場合に限り、投票の全部又は一部の無効を判決しなければならないものとする。そして⑥訴訟の結果再投票を行う場合においても、その結果が確定するまでは、従前の投票の結果に基づく日本国憲法の改正規定の施行に影響を及ぼさないものとする。なお⑦国民投票に影響を及ぼす運動は、原則として自由とし、罰則は、投票の自由、公正および秩序を確保するため必要なものに限定するものとする。ただし、国民投票が国会の定める選挙と同時に行われる場合において、その選挙の候補者が行う国民投票のための運動は、その候補者の選挙運動とみなすものとする。

要綱は、憲法第九六条の趣旨を踏まえて、国民投票制度をゼロベースで設計するというのではなく、先に制定された公職選挙法(一九五〇年法第一〇〇号)上の諸制度を基礎に、必要に応じてそれに若干の修正を加え、国民投票法制を紡ぎ出す。そのことは、公選法の選挙無効訴訟を踏まえた国民投票無効の訴訟(⑤、⑥)や同法の選挙運動規制を念頭に置いた国民投票運動の制度設計(⑦および後述一五一頁以下参照)からも明らかである。

この答申をうけて、自治庁(当時)において検討がなされ、一九五三年二月、「日本国憲法改正国民投票法案」(以下「自治庁案」)が策定された。これは、全六一箇条からなる詳細なものであり、ほぼ、要綱にそって条文化されたものである。ただ、要綱④の国民投票の効果に関する部分、同⑤⑥の訴訟に関する部分は未定とされ、条文化が見送られている。これは、(x)国民投票結果の公示後、争訟の有無にかかわらず、直ちに改正憲法を施行すべきか、それとも、(y)争訟になった場合、最高裁においてその判決が最終的に確定した後に改正憲法を施行すべきかについて、政府部内で意見の一致をみなかったためである。

政府部内で意見の対立をみた問題点

当時、自治庁選挙部において自治庁案の策定にあたった金丸三郎(一九一四〜二〇〇七)によれば、(x)の方途を支持する根拠は、次の通りである。

(ア)国民投票の結果、賛成票が過半数に達したならば、ここに国民の意思が明確にされたのであるから、直ちに公布、施行すべきは当然である。

（イ）憲法改正は、衆参両院における特別多数の議決によって発議され、かつ、国民投票によって決定される。したがって、憲法改正が、時の与党等の手によって発議される場合は、このような難しい条件を十分に乗りこえ得る見透しをもったうえであろうから、国民投票の結果が、訴訟の結果ひっくり返るということは、まず考えられない。

（ウ）国民投票とは、一種の全国的な選挙であって、その結果が争訟によって逆転する、あるいはその全部又は一部が無効になるということは、滅多にないといってよい。

（エ）憲法改正は、たとえば再軍備するかどうかということを考えてみても明らかなように、国民の間に、激しい賛成または反対の争いの渦を巻き起こす場合が多いと思われる。この場合、憲法改正が、直ちに施行されず、訴訟が提起され、それが確定するまで施行されないということになれば、憲法改正に反対する人々は、全国的に、いくらでも訴訟を提起し、かつこれを引き延ばして、施行を妨げるという作戦にでるだろう。そのことは、選挙や投票に関する争訟の実際から、きわめて明瞭である（金丸三五）。

これに対して、訴訟になった場合、その判決の確定をまって、施行すべきだとする（y）の方途を支持する論拠は、おおよそ、次のようなものだとされる。

（あ）最大の理由は、改正憲法が一旦施行されて後、万一訴訟によって国民投票が無効となり、あるいは結果が逆になった場合、収拾すべからざる混乱に陥るのであるから、確定までは施行すべきでないというものである。たとえば、国民投票の結果の公示をうけて、再軍備する趣旨の憲法第九条の改正規定が直ちに施行されたとする。しかし、争訟によってその国民投票が否となってしまった場合には、すでに着手されていた再軍備は、その根拠を失ってしまい、どうすることもできない。単に法令のみであれば、その無効を宣するだけでよいが、多くの軍人を作り、軍備をしてしまっている場合、その後始末に困る。

（い）訴訟促進の方法を講ずるならば、そう長引くこともないし、改正憲法の施行は、一日一刻を争うこともないから、それまで待てないこともあるまい。

（う）国民投票の結果が逆になったり、全部無効または一部無効になるようなことは、性質上、まずありえないというが、それは単なる臆断にすぎない。憲法改正は、思想的に、政治的に、社会的に、非常な対立を惹起することが容易に予想できる。したがって、この投票には、秩序を紊《みだ》すような集団的、破壊的、暴力的行動の危険が少なくない。投票所、開票所の襲撃といったような犯罪の方が、一般の選挙における投票の買収よりも行われる危険性が強い。そうだとすれば、国民投票全部の無効というようなことは別としても、一部無効という場合は、決して想像に難くないのであり、(x)の論者のいうところは、余りに楽観にすぎる。だから、それゆえ、判決の確定をまって改正憲法を施行した方がよい(金丸三六)。

金丸は、このように(x)と(y)の論拠を示したうえで、「この両論は、政府部内においてすら、未だ最終的に調整されていない」ことを明らかにし、そして、この問題は、「法律論というよりは、むしろ政治論であって、大局的に採択を決する外はあるまい」とする(金丸三七)。要するに、双方ともその論拠にはそれ相応の合理性があり、したがって、その問題の決着は、政治の決断に委ねざるをえない、というのである。

対立点の決着は政治決断でとの論

訴訟の結果を待たず、国民投票結果の公示後直ちに改正憲法を公布・施行すべきだとする(x)の見解の方は、ややスジの通らない点があるように思う。なぜなら、(x)の見解に立った場合、訴訟の結果によっては、投票の結果成立したはずの憲法改正が結局のところ不成立に終わる可能性を認めながら、しかし、訴訟の提起が憲法改正の効力の発生を妨げないという原則はあくまで厳格に貫徹すべきだ、とする不透明な弁明に終始せざるを得ないからである(なお、〇七年法は、(x)の見解をベースに立法化されたことにつき、後述一八六頁以下参照)。

吉田首相のしらと改憲が党是の自民党政権の及び腰

上述のように一九五二年一二月二日、第三次選挙制度調査会から吉田首相に対する「要綱」の答申を受け、自治庁での国民投票法の立案作業がはじまる。ところが、吉田は、これより先一九四九年四月二〇日の衆議院外務委員会で、「政府においては、憲法改正の意思は目下のところ持っておりません」と言明していた。しかしながら、総理府の内部において、国民投票法の立案作業が、当時、上記答申に先立って開始されていた。そこで、五二年二月一九日の衆議院予算委員会において、野党議員から、「憲法改正が必要でないという総理の御答弁からすれば、憲法改正の前提たる国民投票法の立案は必要でないと思いますが、この点に関しましては、吉田総理はどういう御方針でございますか」と追及されることになる。これに対して、吉田は、次のように答弁する。

私ははつきり申し上げますが、〔そのような立案作業について〕存じません。また、国民投票を研究せよということを命じた事実もありません。しかしながら関係当局といいますか、それぞれの向きにおいてはあらゆる場合を研究するということは当然の話でありまして、国民投票の場合も研究いたしているかも存じませんが、私が命じたことはかつてないのであります。

また、自治庁案が完成する直前の五三年一月三一日の参議院本会議においても、吉田首相は、「〈国民投票〉法案は、これは憲法改正の用意ではないかというようなお尋ねでありますが、憲法改正はする必要がないと考えておりますから、憲法改正は只今考えておりません。ただ国民投票法案なるものについては、事務当局が事務当局として研究いたしているだけであります」と、同様の答弁を行っている。要するに、吉田首相は、憲法改正の必要がないので、国民投票法の立案作業に着手する必要も認められないということである。

こうして、自治庁案は、五三年二月、吉田首相の判断で、「内閣が憲法の改正の意図を持っている、と誤解されるおそれがある」として、閣議決定されるには至らなかった（衆憲資七二・一四）。

ここでは、憲法改正と国民投票法制の整備がワンセットとして語られていることに注目したい。一九五五年の保守合同後における自民党長期政権は、憲法改正を党是に掲げつつも、歴代首相は、自らの政権下では憲法改正は考えていないと言明することで、むしろ、国民投票法制の整備を自ら封印してきたのである。そのことからして、今世紀初頭に至り自民党内で声高に叫ばれるようになる、国民投票法制の未整備は「国会」(議院内閣制のもとでは政府・与党)の「不作為」だとの論はいささか不可解である。けだし、それは、従来の政権与党(自民党)が「怠慢」であったとの不可思議な弁で、歴代首相の「封印」を解こうとするものであるからだ。

2　憲法第九条改正論と手続法整備論がワンセット

五五年体制崩壊に伴う政治の流動化と憲法第九条改正論の浮上

一九八九年の国際冷戦の終結に伴って、それまで四〇年近く国内政治の枠組みを規定してきた五五年体制が崩壊し、政治の流動化とともに、憲法第九条を中心に現行憲法のあり方が国会の内外で論議されるようになり、新たな局面を迎える。国会の外では、一九九四年一一月、読売新聞社が自ら改憲試案を公表し、この問題に先鞭を付ける。そして、国会では、冷戦終結後の変化した国際紛争の場裡へ自衛隊を派遣すべきか否か、現行憲法のもとで、一体、それがどこまで可能かが激しく論じられる。そうしたなかで、「集団的自衛権」の行使を禁ずる憲法第九条が争点となり、同条の改正を中心に、憲法改正が語られるようになる。そして、憲法改正に必要な手続法の整備がなされていないことが改めて論点として浮上するのである。

憲法改正とワンセットで浮上した手続法整備

一九九七年二月一三日の衆議院予算委員会における石破茂議員（二一世紀）と橋本龍太郎（一九三七～二〇〇六）首相との間の次の問答は、それを浮き彫りにしている。

石破　憲法第九六条に〔憲法〕改正の手続が定めてございます。しかし、今この国に国民投票法という法律はございません。これは立法府の責任であるということを承知した上で申し上げますが、やはり国民投票法というものをつくらねば、〔憲法第〕九六条に定められた国民の権利というものは担保されないのではないか。

橋本　今まで国会発議に至るような憲法改正の具体的な動きがなかった、恐らくそういうこともあったからでありましょう、現在まで〔国民投票法は〕制定されておられないわけであります。今後そのような動きが出てまいりました場合には、速やかに法律の制定を行えるように、政府としても当然のことながらそうした事態においては適切に対応する必要があろうと思います。

要するに、当時、政府は、具体的な憲法改正の動きと国民投票法制の整備をワンセットとして考えていたのである。このことは、一九九九年から翌二〇〇〇年にかけて、自由党(当時)が「日本国憲法改正国民投票法案」「国会法の一部を改正する法律案」を作成し、参議院への提出をはかろうとしたときの政府の反応も同様であった(同じ連立与党にあった自民・公明の消極姿勢により自由党は国会提出を断念)。一九九九年四月六日の参議院決算委員会における平野貞夫議員(自由党)と大森政輔内閣法制局長官との問答から摘示しておこう。

平野　憲法が制定されまして半世紀以上もたちます。本来なら、これ〔国民投票法〕は〔憲法〕制定と同時に、あるいは制定直後速やかに整備されるべきものだと思います。〔しかし、未だそれが整備されていない。〕この実態は憲法体系の不備というふうに認識していいのか、あるいはいろんな政治情勢がありましたから仕方がないことというふうに思うべきか、このまま放置していいのか、整備すべきものなのか、そこら辺について法制局としての御意見を承りたい。

大森　現在〔まで〕なぜ国民投票その他、憲法改正手続法が整備されてこなかったかということの理由を考えてみますと、内閣としては、国の基本法である憲法改正の具体的内容についての国民の合意が形成されてはいないというふうに今まで考えてきた、今も考えているはずでございます。したがいまして、現段階で憲法を改正するという考え、正確に申しますと、内閣の立場からは国会に対して改正の原案を提出する、議案を提出するという考えは持っていないということは、その時々の総理が本会議その他の答弁で申し上げてきたとおりでございます。こういうことから、憲法改正が具体的な政治日程にのせられるには至らなかったということがあったと思います。

したがいまして、現段階ですぐに整備するかどうかということにつきましては、憲法改正に関する国会での御議論、これはどうも伺うところによりますと、まさにそれが行われようとしているやに漏れ聞いておりますので、その御議論を踏まえて検討されるべき問題であろうというふうに考えております。

このように、政府は、一貫して、憲法改正案とワンセット論で国民投票法の整備を考えてきたのである。したがって、憲法第九六条の手続の未整備は、憲法の明文改正を意図的に回避し、その解釈・運用で賄ってきた自民党歴代政権のしからしめるところである。

アクターとしての議連

上述の大森の発言のなかに、国会で憲法改正に関する議論が「まさに……行われようとしている」旨の指摘がある。これは、当時、衆参両院に憲法調査会が設置されようとしていた動きを念頭においたものである。二〇〇〇年一月から衆参両院において活動を開始する憲法調査会は、一九九七年、党派を超えた三一〇人の議員で結成した「憲法調査委員会設置推進議員連盟」(会長・中山太郎)の働きかけで設置に至ったものである。憲法調査会発足によって所期の目的を達成したこの議員連盟は、その後、「憲法調査推進議員連盟」(以下「議連」)と名称変更し、その活動の力点を憲法第九六条の手続の整備に移す。そして、議連は、二〇〇一年一一月、憲法改正のための国民投票法案・国会法改正案を次期通常国会に議員立法として提出する方針を固め、同月一六日、両法案を決定する(以下「議連案」)。二〇〇二年二月、自民党内閣部会・憲法調査会合同部会で、開会中の国会に議連案を提出する方針を確認する。しかし、同年五月、小泉純一郎総裁(首相)は、党役員会で、この方針について「拙速を避けよ」と事実上の先送りを指示した。

法案提出理由としての「立法の不作為」

議連は、二〇〇一年一一月一六日の「提案理由書」において、国民投票法を制定する必要性について、次のように論じている。

憲法第九六条は、憲法改正手続の一環として、国民投票が行われることを規定しており、そして、この憲法改正の国民投票を実施するには、その具体的な実施手続を定めた法律の制定が必要となる。しかるに、このような国民投票実施のための法律は、憲法制定後半世紀以上経った現在に至るまで、制定されていない。

そもそも、唯一の立法機関たる国会は、憲法に規定されている事柄を実行するのに必要となる法律を制定すべき義務を負っている。もとより、このような義務はいわゆる政治的な義務という性格のものではあろう。しかし、憲法が、改正手続を定め、必要に応じて憲法改正が行われ、迅速に時代の変化に対応しうることを期しているにもかかわらず、その改正を実行するための立法措置を国会がとらないのは、憲法改正手続を定めた憲法第九六条の趣旨から導かれる国会の立法義務に違反する「不作為」とでもいうべき状態にあると言わざるを得ない。

よって、憲法改正国民投票の実施手続に関する法律を制定することによって、憲法改正の必要が生じた場合に迅速に対応しうるための法整備を早急に行い、上記のような「立法の不作為状態」の解消を図る必要があると考えるものである。

ここでは、歴代保守政権のもとで、明文改正の予定はなく、手続法整備の必要はないとワンセットで語られてきた経緯は、完全にネグレクトされている。そして、憲法制定後半世紀以上経た現在に至るまで、その整備が行われていないのは、国会の「不作為」だと断定し、このような状態を早急に解消する必要があるとするのである。これは、近く明文改正の予定があるのに、手続法すら整備されていないのでは話にならぬ、それは、半世紀以上の間、国会が憲法上要請されている立法義務に違反する「不作為」を犯してきたことに起因するとし、その責任を戦後六〇年に及ぶ国会の怠慢に転嫁しようとするものである。なんとも奇妙な詭弁である。

法案提出のゴーサインと与党内での協議と合意

ところで、二〇〇一年四月、小泉は、森喜朗首相(在任二〇〇〇年四月〜〇一年四月)の退陣を受けて実施された自民党総裁選を勝ち抜き、国会で首班指名を受け、政権を発足させる。その後、〇三年九月の総裁選を乗り切り、政権基盤を固めた小泉首相は、前年五月の「拙速を避けよ」(上述一〇七頁)とした態度を一変、一〇月の記者会見で、国民投票法案の次期通常国会への提出に前向きの考えを示し、一一月、議連の中山会長と会談、法案の早期制定で一致する。これをうけて、一二月、自民党憲法調査会(「党憲法調査会」)は、法案の通常国会提出方針を確認する。翌〇四年一月四日、中川秀直自民党国対委員長は、講演で、法案の通常国会提出の考えを表明、一〇日、自民党は法案の通常国会提出の方針を固めるが、会期内成立にはこだわらない構えを示す。これに対して、一九日、公明党の神崎武法代表は、両院議員総会で、法案の通常国会提出に否定的な考えを示す。そして三月には、自公両党において、法案の検討のため協議機関を設置することとし、四月の与党協議会で、法案について、先の議連案をたたき台に案をまとめることで合意をみたものの、開会中の通常国会への提出は見送りとなった。しかし、六月の与党協議会において、翌〇五年の通常国会で法案の成立を目指すことが確認され、一一月の与党実務者会議（保岡興治座長）で、法案内容が検討される。一二月三日、自公両党の間で、大要、以下のような合意に達している。

①「日本国憲法改正国民投票法案」については、自民党が提出した法案（議連案と同じ内容のもの）に、若干の修正を加え、これを基に法案化の作業を進める。

②①の法案を審査するため、国会法を改正し、衆参両院の憲法調査会に憲法第九六条第一項に定める国民投票に関する法律案の審査及び起草権限を付与するものとする。なお、憲法調査会の名称については、両院の議院運営委員会に協議を委ねる。

③上記①②の両法案はいずれも次の常会に提出するものとし、②の国会法改正案については四月中に成立を図り、憲法調査会において最終報告書を議長に提出した後、引き続き、①の法案の審査に入り、その早期の成立を図る。

この合意内容から明らかなことは、二〇〇五年春の憲法調査会最終報告書の提出を軸に、ポスト憲法調査会を念頭に据えた手続法の整備に関する具体的なタイム・スケジュールが示されていたことである。

自公与党と民主党間の協議

二〇〇五年に入ると、動きが活発となり、一月八日、中川自民党国対委員長は、講演で、国民投票法案は通常国会で「必ず成立を」と強調、翌九日のテレビ番組で、神崎公明党代表もまた、国民投票法案の通常国会での成立に「異論ない」と述べる。これに対して、一五日、民主党は、国民投票法案について、与党との修正協議に応ずる方針を固める。二月二日の民主党憲法調査会役員会では、「国民投票法案の議論は避けられない」としつつ、独自案を検討することで一致をみる。二四日、衆議院憲法調査会は最後の締めくくり自由討議を行い、五年余にわたる調査をすべて終了するが、その議論のなかで、自公民三党は、最終報告書提出後に、国民投票法案の協議に入ることと同法案の審議を行う委員会設置で歩調を合わせる。三月一一日には、自公民三党の間で、国民投票法案につき政党間協議の場を設けることで合意が成立する。そして、この頃から、民主党は、国民投票法案の素案づくりに着手している。

最終報告書における手続法整備の言及

二〇〇五年四月一五日、衆議院憲法調査会(会長・中山太郎)は、最終報告書を自民・民主・公明の多数で議決し、河野洋平衆議院議長に提出した。そこでは、憲法第九六条に関する手続の整備について、「早急に整備すべきであるとする意見が多く述べられたが、整備を急ぐ必要はないとする意見もあった」と記されていた。同月二〇日、参議院憲法調査会(会長・関谷勝嗣)もまた、最終報告書を自民・民主・公明の三党の賛成多数で議決し、扇千景参議院議長に提出した。そこでは、三党がおおむね一致した意見を「趨勢である意見」と表記し、その意見の一つとして、「憲法改正手続の議論を続けるべきとする意見」が挙げられていた。なお、この意見には、共産・社民両党から「強い反対があった」ことも併記されていた。両院の最終報告書の文面を見る限り、国民投票法の整備に関しては、衆参の間でほぼ同じような積極・消極の分布が認められる。ただ、参議院では、総じて、憲法第九六条の手続要件の議論にとどまり、衆議院のように、それを踏まえた法律の整備の要否という方向性をもったものではなかった。

立党五〇年に向け自民「憲法改正プロジェクトチーム」の始動、民間私案の続出、九条の会発足

ところで、二〇〇〇年から始まった憲法調査会の活動が活発化するにつれて、国会の内外で、憲法第九条を中心に憲法改正の是非をめ

ぐる論議が漸次、広がりを見せる。そうした流れに一つの大きな方向性を与えたのが、二〇〇五年一一月の立党五〇年大会で新憲法草案を発表するとし、自民党がその準備に本格的に着手し始めた二〇〇四年頃からである。すなわち、同年一月の自民党大会で、翌〇五年に憲法改正草案作成、それに向けて全国各地で公聴会開催、国民的議論を展開するなどの運動方針を採択、同月二二日には、憲法改正プロジェクトチーム(二〇〇三年一二月設置)の年初の会合において、六月までに論点整理を行うこととした。これに刺激されたかのように、公明党も、同月二八日の党憲法調査会で、神崎代表が、憲法第九条も対象に「タブーを設けずに」議論することを宣言する。そして、二月四日、民主党は党の憲法調査会総会で、七月の参議院議員選挙までに中間報告の公表を決定、〇六年の最終報告に向けた憲法改正案策定作業に着手することとする。なお、共産党は、一月一七日の党大会で、天皇制と自衛隊容認の新綱領を採択、また、社民党は、二月一七日の憲法部会(部会長・土井たか子)で、現行憲法を活かす「活憲」を訴え、七月参議院議員選挙前に中間的な意見集約を図る方針を示す。財界では、四月一五日、日本商工会議所の山口信夫会頭が、憲法改正に向けた検討会の設置を表明、五月二七日、日本経団連が「国の基本問題検討委員会」を新設、奥田碩会長は記者会見で「憲法、自衛権などの問題を深く掘りたい」と語る。マスコミでは、同年五月三日、読売新聞社が「憲法改正二〇〇四年試案」を紙上に発表している。また、市民の自発的な動きも活発となる。四月一日、安藤博・東海大学平和戦略研究所教授らの「市民立憲フォーラム」が発足、七月二四日には、大江健三郎、井上ひさし(一九三四～二〇一〇)、奥平康弘(一九二九～二〇一五)、小田実(一九三二～二〇〇七)、加藤周一(一九一九～二〇〇八)、澤地久枝、鶴見俊輔(一九二二～二〇一五)、三木睦子(一九一七～二〇一二)の呼びかけた「九条の会」発足記念講演会が開催されている。

自民「新憲法草案」起草に着手・公表

こうした動きに隣国の目も厳しくなる。二〇〇四年一一月、自民党憲法調査会の憲法改正大綱原案が『読売新聞』にスクープされる。その内容に対して、韓国国会の超党派議員七一人が、「日本は二一世紀に帝国主義の復活を夢見るのか」と批判の声明を発している(一一月一七日)。また、中国の新華網《ネット》は、自民党の大綱原案に対する日本駐在記者の批判を掲載した。なお、この大綱原案については、参議院側から二院制の扱いを中心に異論が続出、また、「軍」設置等の規定に関して陸上自衛隊幹部が素案を作成・提出していたとの報道もなされるなどしたこともあり、事実上白紙撤回された(同年一二月六日)。そして、新たに、「新憲法制定推進本部」(本部長・小泉総裁)を新設(一二月一四日)、森元首相が新憲法起草委員会(以下「自民起草委」)委員長となり(一六日)、改めて翌〇五年一一月の立党五〇年大会で新憲法草案を発表することを決定する(二一日)とともに、四月末をめどに試案を作成することで合意した(二七日)。

二〇〇五年一月二四日、自民起草委は初総会を開き、一〇の小委員会を設け、三月末までに報告、四月末に委員長試案として集約することを申し合わせる。四月四日、同起草委は、小委員会による憲法改正要綱を一括公表、その後、八月一日に至り、要綱をもとに条文化した「新憲法第一次案」を公表する。そして、自民は、一〇月二八日、「新憲法草案」を決定し、一一月二二日の立党五〇年記念大会で、「新憲法制定」等を目指す新綱領と新憲法草案を正式発表した。

民主も「憲法提言」提示と手続法整備の本格化

この間、党内における議論の取りまとめを図っていた民主党も、一〇月末に至り、党憲法調査会で、「制約された自衛権」を明記した「憲法提言」を了承した。そして、衆参の憲法調査会報告書が公表された後、国民投票法の制定をめぐる議論は、こうした政権政党の新憲法草案や野党第一党の「憲法提言」が具体的に提示されたなかで展開されることになる。

国民投票法の整備に向けた動きが本格化するのは、いわゆる郵政解散(二〇〇五年八月八日)に伴う総選挙による自民党圧勝を承け、同年九月二一日召集された特別国会においてである。なお解散前、郵政民営化法案が審議されていた通常国会で、衆参各憲法調査会の最終報告書が提出された後、中山衆議院憲法調査会長は、国民投票法案の国会提出を見送る方針を示し(六月八日)、小泉首相も、国民投票法案は来年の通常国会に出したいと述べる(九月一日)。こうして、ひとまず、法案提出を先送りしたうえで、法案を審議する舞台をどうするかが議論された。これは、憲法調査会について、その発足時に、各院の議院運営委員会理事会で、「議案提出権がないこと」を確認し、その活動を開始したため、このままでは同調査会で国民投票法案を審議することができなかったことによるものである。

国民投票法案審査の特別委員会の設置

二〇〇五年九月一四日、自公民三党は、衆議院各派協議会で自民党の提案により、国民投票法案を審議する常設の「憲法調査委員会」(仮称)の設置で合意した。しかし、その翌日、公明党内の異論が表面化し、自民党が提案を取り下げ、特別委員会の設置で一致した。こうして、同月二一日召集された特別国会において、衆議院に、「日本国憲法改正国民投票制度に係る議案の審査等及び日本国憲法の広範かつ総合的な調査」を目的とした「日本国憲法に関する調査特別委員会」(以下「衆議院特別委」)を設置し、委員長に中山前憲法調査会長を選出した(二二日。他方、参議院は慎重な構えを示し、その設置を正式に決めたのは二〇〇七年一月二五日である)。与党は、国民投票法案の提出を見送り、翌〇六年の通常国会に提出する方針を固めた(二七日)。

その後は、上述(一一四頁以下)のように、自民の新憲法草案、民主の憲法提言の公表と続くわけである。それが一段落した二〇〇五年一二月五日、自公両党幹事長・政調会長会談で、国民投票法案を政府提出として調整することで一致したが、民主党の枝野幸男憲法調査会長らが猛反発したため、翌六日、武部勤幹事長が議員立法にすることは「既定の考え方」だと確認、事態の収拾が図られる。これは、衆議院憲法調査会と衆議院特別委における自公民協調路線に与党執行部が介入してきたことに対して民主が反発を示したものであった。同月二〇日、中山委員長と船田元自民憲法調査会長、太田昭宏公明憲法調査会座長、枝野民主憲法調査会長との間で、国民投票法案の次期通常国会への提出・成立で一致をみている。なお、その前後に開かれた自公間の与党協議で、国民投票法与党案のメディア規制を原則撤廃することで一致(同月一四日)、投票年齢につき、国民投票法成立後に国政選挙とともに一八歳に引き下げることを視野に、「二〇歳以上」とする方針を固める(同月二八日)。

国民投票法案提出をめぐる動きの活発化

二〇〇六年に入ると、国民投票法案をめぐる動きはさらに活発さを増す。一月五日、福島瑞穂社民党党首は、党本部の挨拶で、国民投票法案の提出阻止を強調、一一日の共産党大会で、志位和夫委員長は、国民投票法案の成立阻止に全力を挙げると述べた。そして、三月二二日、福島、志位の両党首が会談、憲法改正阻止と国民投票法案への反対で一致をみる。なお、二月一日、民間の「真っ当な国民投票のルールを作る会」(今井一事務局長)は、衆議院特別委・中山委員長と参議院憲法調査会・関谷会長に、改正発議は個別投票、重要事項の周知期間は九〇日以上、メディア規制の排除などを申し入れる。同月一九日、自民党は、国民投票法案につき、「一括投票」ではなく「個別投票」を採用する方針を固める。なお、この頃から、メディア関係者の間で、報道・表現に対する規制の問題を中心に国民投票法案に関する議論が活発となる。

三月に入り、衆議院特別委において国民投票制度のあり方をめぐる議論が本格化する。そして、月末三〇日、衆議院特別委理事懇談会で、国民投票制度の論点整理を開始し、四月六日に自由討議を行う。他方、参議院憲法調査会は、四月五日の幹事懇談会で国民投票法案の論点整理を始め、一九日の憲法調査会で各党が意見表明を行っている。

与党案の確定と民主独自案の策定、両案の衆議院提出

四月一二日、自民党憲法調査会総会で、国民投票法案骨子案が了承され、一八日の与党協議会において、自民党の案を採用した与党素案が了承された。自公両党は、民主にも同調を呼びかけるが、五月九日、小沢一郎民主党代表は、国民投票法案の自公民三党の共同提案を拒否する。これを受けて、自公の与党協議会は、一九日、国民投票法案の大綱案をまとめ、開会中の通常国会に

提出する方針を確認する。また、民主党憲法調査会は、一二三日、国民投票法案の独自案をまとめる。こうして、二六日、自公両党案（「日本国憲法の改正手続に関する法律案」（以下「与党案」））と民主党案（「日本国憲法の改正及び国政における重要な問題に係る案件の発議手続及び国民投票に関する法律案」（以下「民主党案」））がそれぞれ衆議院に提出された（いずれの法案も国会法改正を含むことに留意）。六月一日の衆議院本会議で与党案について保岡議員が、民主党案につき枝野議員が趣旨説明、質疑の後、衆議院特別委に付託された。衆議院特別委は、一五日、両案を一括議題とし、実質審議入りしたが、しかし、会期末（同月一八日）を前に継続審議を決定した。

3　安倍首相の手で

安倍首相の改憲公約と衆議院特別委小委員会審査

二〇〇六年六月一八日の通常国会終了後、小泉後の総裁ポストをめぐる自民党内の動きが活発となる。有力候補として浮上した安倍晋三官房長官の対抗馬と目されていた福田康夫元官房長官が出馬しない意思が明確となったこともあり、安倍の総裁選での圧勝は揺るぎないものとなる。そうしたなか、九月一一日の総裁選討論会の席で、安倍は、「憲法改正は一、二年でできる話ではない。五年近くのスパンも場合によっては考えなければならない。しかし、国会の三分の二というコンセンサスの目安がついてくれば、さらに前倒しすることも考えないとならない。しかし、拙速でそもそもできるものではないと思う」とし、五年を目途に憲法改正を考えると発言している。そして、九月二六日召集の臨時国会で首班指名を受け、第九〇代内閣総理大臣となった安倍は、就任後の記者会見において、憲法改正を「政治スケジュールに乗せるべく総裁としてリーダーシップを発揮する」と強調した。また、九月二九日の所信表明演説においても、持論である集団的自衛権の行使につき現行憲法のもとで可能かどうか、個別具体的な事例に即して研究すると表明する一方で、憲法改正については「その方向性がしっかりと出てくることを願っている」と語り、憲法第九条をターゲットに、従来の内閣法制局見解の変更および明文改正の双方を睨んだものであることを明確にする。二〇〇一年五月七日の所信表明演説で、小泉新首相(当時)が、集団的自衛権行使や憲法改正に触れなかったのとはきわめて対照的である。

そうしたなかで、一〇月二六日、衆議院特別委は、先の国会で継続審議となった国民投票手続に関する与党および民主党両案を審査する小委員会を設置し、会期一杯、精力的に審議を行う。そして、この間の審議や参考人質疑等を通じて、与党と民主党の間でかなりの一致点が見いだされる。

こうして、会期末(二〇〇六年一二月一九日)を控えた一二月一四日、与党と民主党は、それぞれ、原案の修正箇所を提示した。これにより、与党案と民主党案との溝はほぼ埋まりそうにみえた。ただ、各修正案の作成そのものは、翌〇七年の通常国会へと持ち越された。

首相の介入による状況の一変

ところが、二〇〇七年の年明け早々、安倍首相が憲法改正を内閣の重点項目に掲げ、七月の参議院議員選挙の争点とすることを明言し、通常国会での国民投票法案の成立に言及する。その後、事態は一変し、修正案の取り扱いをめぐり、与党と民主その他の野党との関係が一挙に緊迫、相互に修正の余地を残しながら、慎重に審議を行い、協議を重ねてきた同法案は、一転して対決法案の様相を帯びる。

同年一月四日、安倍首相は、年頭記者会見で「憲法改正をぜひ私の内閣で目指していきたい。参院選でも訴えていきたい」と述べ、憲法改正を七月の参院選の争点に据える方針を明らかにした。同月二六日の衆参両院本会議の施政方針演説においても、「新しい国創りに向け、国の姿、かたちを語る憲法の改正について議論を深めるべきだ」としたうえで、国民投票法案の「今国会での成立を強く期待する」と表明した。他方、自民党内では、同月一二日、中川幹事長が、衆議院特別委で継続審議中の国民投票法案について「憲法記念日までに必ず成立させ、早期に与野党で憲法改正を協議していきたい」と述べ、憲法施行六〇年に当たる五月三日までの同法案成立を目指す考えを示した。二月一一日のテレビ番組で、二階俊博自民党国会対策委員長は、国民投票法案について「議論だけで空転することがあれば、採決させていただく」と語り、五月三日までの成立にむけ、民主党との協議が不調に終わった場合、与党単独でも採決に踏み切る構えを示した。そして、〇七年度予算の年度内成立が確実となった三月はじめ、安倍首相は、改めて参議院議員選挙で憲法改正を争点にすると明言するとともに、五月三日までに国民投票法案の成立をめざすと言明した。そこで、与党側は、三月八日に衆議院特別委を開き、一五日に公聴会を開催する日程を決めようとしたが、民主党をはじめ野党の強い反発をうけ、公明党がブレーキをかけ、八日の会議は流会となった。一一日日曜のNHKテレビに出演した安倍首相は、五月三日までの成立には拘らないとトーンダウン、六月二三日までの会期内成立を求める姿勢に軌道修正したが、しかし、同じ番組のなかで、「憲法第九六条にもこの憲法改正手続が書いてあるが、それを進めていくための法律がない。国家としてはその義務をずっとおざなりにしてきたと言われてもしょうがない。六〇年ぶりにその義務を果たしていく」と述べ、会期内成立に意欲を示した。そして、一五日の衆議院特別委において、与党は、国民投票法案採決の前提となる中央公聴会開催を、野党の反対を押し切って決定した。

こうして、衆議院特別委は、三月二二日中央公聴会を開催、さらに民主党に配慮して、二八日新潟と大阪で地方公聴会を開き、また四月五日にも中央公聴会が催された。そして、これらの公聴会では、法案の性質上、与党による単独もしくは強行採決は避けるべきだとの意見が多くの公述人から示された。

与党提出の併合修正案の衆議院通過

三月二七日、与党は、先の与党案と民主党案を一本化し、新たな法案とした独自案（「本法案」）を中山委員長に提出し、同月二九日の衆議院特別委において、趣旨説明が行われた。その際、保岡委員は、本法案は「両案を基本としつつ、それぞれのよいところを採用して一本化した」とし、民主党案にも配慮した「併合修正案」だとしたうえで、再修正の可能性にも言及し、「幅の広い合意形成をめざしたい」と述べた。これに対し、民主党・枝野委員は、七月の参議院議員選挙に向け、改憲を争点に据えようとする安倍首相との対決姿勢を強める党執行部（小沢一郎代表）の意に沿って、「〔提案に乗ることは困難だ。〕いずれ、どこかで民主党として修正案を出すつもりだ」と応じた。そして、民主党は、四月一〇日に至り、独自の修正案を中山委員長に提出した。二日後の一二日、衆議院特別委は、本法案を賛成多数で可決、民主党修正案を否決した。そして翌一三日、衆議院本会議で本法案は可決され、同日、参議院に送付された。

参院審議と法案の可決成立

参議院は、二〇〇七年一月二五日、「日本国憲法に関する調査特別委員会」（参議院特別委）を設置した。本法案は、四月一六日、参議院特別委に付託、翌一七日から質疑が始まり、二四日には名古屋・仙台で地方公聴会が開催された。そして、大型連休明けの五月七日福岡・札幌、一〇日横浜・さいたまの両市でも立て続けに地方公聴会が実施された。また、同月八日、民主党は、先に衆議院で否決された同党修正案とほぼ同じ内容の対案を参議院に提出し、対抗姿勢を示した。

このように地方公聴会が派手に開かれたものの、重要法案にはつきものの中央公聴会は開催されないまま、審議も終盤を迎え、五月一一日、参議院特別委において安倍首相に対する質疑が行われた。その席で、首相は「新しい憲法のあり方について当然議論をしていく時代になってきた」、自民党の新憲法草案をもとに憲法改正を考えており、「国民に対して誠実にこれは選挙においても当然述べていく」と憲法改正への強い意欲を示した。こうして質疑を終局し、討論の後、本法案は与党の賛成多数で可決され、自民・民主・公明三党の共同提案に基づく一八項目にわたる附帯決議（参考人や地方公聴会で続出した本法案に対するクレームの列記）が付された。そして、同月一四日、参議院本会議で討論の後、本法案は賛成多数で可決、成立した（一八日公布。以下「〇七年法」（上述九五頁）または現行の「国民投票法」「〇七年法による改正後の国会法」もしくは現行「国会法」）。なお、民主党の対案は、審議未了で廃案となった。

○七年法は、公布日から起算して三年を経過した一〇年五月一八日から全面的に施行されることとなるが、同法附則には、その間に整備・検討されるべき「宿題」として、①選挙権年齢等の一八歳への引き下げ（附則三条）、および②公務員の政治的行為の制限に関する法整備（附則一一条）、速やかに検討すべき「宿題」として③国民投票の対象拡大の検討（附則一二条）が規定されていた。そして、○七年八月七日には、法制上衆参各院に憲法審査会の設置をみた（附則一条但書）。

○七年法の宿題とねじれ国会による締め切り期限の徒過

ところが、これに先立ち七月に行われた参議院議員選挙で、「新憲法制定の推進」を選挙公約のトップに掲げた安倍自民党が大敗を喫す。その結果、先の郵政解散（○五年）によって衆議院では与党が三分の二の多数を制するものの、参議院で野党が多数派を占め、政府与党と対峙する「ねじれ国会」が生じた。そのことも手伝ってか、憲法審査会は、国会法上は設置をみたものの、憲法審査会の員数・議事細則を定める憲法審査会規程（以下「規程」）は制定されず、したがって、その委員も選出されない状態が、その後数年間続く。衆議院で規程が制定されたのは、二年後の○九年六月、そして、参議院での規程の制定は、それからさらに二年後の一一年五月であった。こうして、一一年一〇月に至り、衆参においてようやく憲法審査会委員が選任される運びとなるのである。

この間に、上記①②の立法措置を講ずべきものとされていた期限(二〇一〇年五月一八日)は、とっくに過ぎてしまっていた。もとより、その間、①の選挙権年齢等の一八歳への引き下げについて、政府の側で検討がなされたものの、期限を過ぎても、政府から選挙権年齢等の引き下げ法案が国会に提出されるに至らなかった。そのため、この時点で、かりに国会が憲法改正を発議した場合、その国民投票権年齢が「一八歳以上」か、それとも「二〇歳以上」か、紛議が生じうる状態にあった。

七年後に実現した宿題の一部解決

そこで、このような状態を解消するために、二〇一三年五月、日本維新の会から衆議院に〇七年法改正の議員立法が提出されたのを機に、与党実務者間の協議で〇七年法附則の三つの宿題に関する改正案がまとめられ(同年一二月)、これに野党会派も加わって、一四年四月、与野党七会派(後に参議院・新党改革も参加、八会派)が合意項目を確認のうえ(以下「確認書」)、共同で同改正案を衆議院に提出した。そして、同改正案は、同年五月八日衆議院憲法審査会で可決、翌九日衆議院本会議で可決、参議院に送付、六月一一日参議院憲法審査会で可決、同月一三日参議院本会議で可決・成立し、同月二〇日に公布、即日施行された(以下「一四年改正法」または現行「国民投票法」)(橋四)。

第四章　憲法改正手続の何が問題か

1　国民投票をどう設計するか

憲法改正手続について、何が問題とされたか。また、現に何が問題か。ここでは、国民投票法が制定される過程において、どんな点がどのように問題とされ、最終的にどう決着されたか、もしくは、決着されずに先送りされ、いまなお、何が問題かについて、主要論点に限って見ておくことにする。

宿題としての「一般的国民投票」

まず入り口のところで、憲法第九六条の「国民投票」を制度化するに当たって、その対象を「憲法改正」案に限定すべきか否かが問題となった。この点については、〇七年法では国会が発議した「憲法改正案」を国民投票の対象とする形でとりあえず法制化された。ここで「とりあえず」と言ったのは、同法附則一二条において、国会で憲法改正の原案を策定するに先立ち、「憲法改正を要する問題及び憲法改正の対象となり得る問題」につき国民投票を実施し、事前に民意を問うべきか否かについて、「日本国憲法の採用する間接民主制との整合性の確保その他の観点から検討を加え、必要な措置を講ずるものとする」とし、「宿題」の一つとされていたからである。この宿題は、そのまま一四年改正法附則五項に掲げられ、先送りされている。加えて、八会派「確認書」(上述一二六頁参照)では、国民投票の対象を「憲法改正」問題等に限定せず、ひろく国政上重要な諸問題について実施する「一般的国民投票制度の在り方」も、衆参憲法審査会で「定期的に議論」することが確認されている。同改正法によってさらに「宿題」が増えた形となっている(なお、前掲民間諸草案(七〇頁)参照)。

なぜ「宿題」が増えたのか。その拠って来たる由縁を辿ると、〇六年の与党案と民主党案、そして、〇七年の併合修正案に行き着く。すなわち、〇六年五月自公間で合意をみた与党案は、憲法第九六条を実際に運用するうえに必要な憲法改正国民投票のみをその対象とした。これに対して、民主党案は、憲法改正国民投票に加えて、重要な国政問題にかかる諮問的国民投票をもその対象とする。与党案の根拠は、現行憲法のもとで認められている国政ベースでの直接民主制は、憲法改正国民投票(憲法第九六条)と最高裁裁判官の国民審査(同第七九条)、地方自治特別法(同第九五条)の場合に限定されており、これ以外の場合に直接民主制の制度を創設することは、基本的には憲法改正を伴うとの考えに求められる。他方、民主党案の根拠は、現行憲法は間接民主制を国政運営の基本とし、直接に国民の意思を問う憲法改正国民投票制はその例外をなす制度であることから、この例外的な制度を整備するに当たって、国会が一般に国民の意思を問う諮問的国民投票制を、いわば本則として併せ創設し、代議制を活性化すべきだとの考えに求められる。

〇七年三月の与党による「併合修正案」は、与党案どおり、憲法第九六条の憲法改正にかかる手続に限定した。そのうえで、民主党案にいう諮問的国民投票については、その対象を「重要な国政問題」から「憲法改正を要する問題」と「憲法改正の対象となり得る問題」の二点に限定、附則において「宿題」として先送りするものとした。そして、一四年改正法は、この限定を維持したまま、確認書で、先の〇六年の民主党案に盛られていた前者の国政問題に関する「諮問的国民投票制」も定期的に議論するものとしたのである。

与党の本音、野党のメンツ

いつ果てるとも知れぬ、このような問題先送りは、与野党間の本音とメンツの妥協の産物である。すなわち、与党にとっては、制度化された憲法改正国民投票制だけで十分であるので、民主(現・民進)党の要求は「宿題」として永遠に先送りすればよかろうとの本音が丸見えであり、また、民進党としては一旦声高に主張した以上は今更取り下げるわけにはいかないといったメンツ丸出しの抵抗である。

この問題に決着を付けるためには、まず第一に、国会で国論を二分するような重要法案を審議する前に、その立案・制定の可否について国民投票で民意を問い、その結果を踏まえて国会で各派が立法化の是非を協議するといった方式が、憲法の採用する代議制との関連で、不可欠なものと言えるかどうか、慎重に検討する必要があろう。第二に、憲法改正について、事前の国民投票で国民の多数の賛成が得られた「問題」または「対象」でなければ、国会は進んで改正原案の作成に着手することができないとする制度が、国会に発議権を与え、国民に決定権を付与する憲法第九六条の趣旨により適したものとまで言えるかどうかが、問われることになろう。

投票権者の年齢要件

「日本国民で年齢満十八年以上の者は、国民投票の投票権を有する」(国民投票法第三条)。この規定の適用については、そもそも〇七年法が施行される三年後の一〇年五月までに、選挙権年齢等の一八歳への引き下げが行われるべきものとされていた。しかし、上述(一二六頁)のごとく、期限経過後も、なお政府において選挙権年齢等の引き下げの立法措置が講じられることはなかった。そこで、一四年改正法は、見切り発車し、選挙権年齢等の引き下げ如何にかかわらず、同法施行後四年間は「二〇歳以上」、五年目(二〇一八年六月二一日)からは「一八歳以上」とした。

これは、従来の政府の対応に国会の側が業を煮やし見切りを付けたものである。こうして、国会において、選挙権年齢を一八歳に引き下げるための公選法改正の議員立法(二〇一四年一一月に一度提出されたが解散により廃案)が二〇一五年三月衆議院に再提出され、倫理選挙特別委に付託後、六月四日衆議院本会議で可決、同月一七日参議院本会議で可決・成立し、同月一九日公布された。そして、翌一六年七月施行後の参議院通常選挙から国政選挙で実施されている(厳密には同選挙公示日後に告示された福岡県うきは市長選から実施)。なお、確認書で、「改正法施行後四年を待たずに選挙権年齢が一八歳に引き下げられた場合には、これと同時に、憲法改正国民投票の投票権年齢についても一八歳に引き下げる措置を講ずることとする」ものとされている。したがって、今後、安倍政権のもとで憲法改正の動きが加速するならば、一八年六月を待たずに投票権年齢を引き下げる動きが出てくることになろう。

当初二〇歳に拘泥した与党

この国民投票権年齢引き下げをめぐる問題は、〇六年の与野党案の違いに起因する。与党案では国民投票権は「年齢満二〇年以上の日本国民」とされていた。

これに対して、民主党案は「年齢満一八年以上の日本国民」とし、さらに、国会の議決で、そのときの国民投票に限り、「年齢満一六年」まで引き下げることを可能とするものとされていた。

憲法改正権を担う主体の理解としては、明らかに民主党案の方に分がある。与党案は、「国政に対する参政権を付与するにふさわしい判断能力の基準という観点」から、「憲法改正国民投票の場合であると通常の国政選挙の場合であるとで基本的な違いはない」として、投票権者を二〇歳以上とするが、しかし、そこでは、憲法改正の本質に関する理解が欠如しているように思われる。そもそも、国政選挙のような憲法上の国家機関たる国会各院の構成員の選任行為ではなくて、その拠って立つ憲法それ自体に何らかの変改を施すような行為については、それが未来を展望したこの国の形ないしそのあり方を決めるものである以上、そして、そこで決められたことが憲法規範として今後、国家権力を長期にわたって拘束するものである以上、可能な限り多くの国民が主権者としてその決定に参加する資格を有するものと解すべきである。すべての国民と国民投票に参加しうる国民が可能な限り一致することが、改正憲法の正当性を強め、その安定性に資するからである。この考え方からすれば、国民投票年齢を一八歳とし、改正内容によっては国会の議決で一六歳まで引き下げることも可能とする民主党案の方が理にかなっている。〇七年の併合修正案は、この理をなかば認めざるを得なかったのであろう。与党は、国民投票権年齢を「満一八歳以上」と民主党案に譲歩し、そのうえで、「参政権」へのこだわりからか、選挙権年齢等も同時に引き下げなければならぬとして、上記のような経過を辿ったのである。与党、とくに自民党が、本来、国民投票権年齢とは連動しない民法の「成年」年齢の同時引き下げにまで甚《いた》く拘泥していたことを考えると、そもそも民主党案に譲歩したくなかったのでは、とすら勘ぐりたくなる。

成年被後見人の投票権回復と受刑者等の投票権

なお、ここでは、とりわけ、次の点に注目しておきたい。〇七年法において唯一「投票権を有しない者」とされていた成年被後見人(第四条)が、一三年三月一四日の成年被後見人に対する選挙権剝奪を違憲とした東京地裁判決を受け、同年五月の法改正により投票権を有することとなり(国民投票法第四条削除)、その結果、公選法上「選挙権を有しない者」とされている、受刑者(執行猶予中の者を除く)や選挙犯罪等の処罰者(第一一条第一項第二～五号)を含め、国民投票法では、一八歳以上のすべての国民に憲法改正の国民投票に参加する権利が保障されていることである。

なぜか。まず前者の受刑者について。憲法改正国民投票権は、そもそも主権者に固有の権利であることからして、一般犯罪を犯し、禁錮以上の刑に処せられ、その刑の執行中の国民についても、国は、その行使を現実に可能とするために所要の措置をとるべき責務があるとの理解に基づくものと思われる。すなわち、国は、国民投票の公正を確保しつつ刑務所内等に投票場所を設置することが事実上不能ないし著しく困難であると認められない限り、国民投票権の行使を制限することは、主権者の地位から彼らを追放するものであり、憲法上許されないとするものである。これは、「国民の選挙権又はその行使を制限することは原則として許されず」、「やむを得ないと認められる事由がなければ」制限されないとして、在外邦人の選挙権を剥奪した公選法の規定を違憲とした二〇〇五年九月一四日最高裁大法廷判決を踏まえた立法措置である。

次に後者、すなわち、みずから国民投票の公正を害する行為をした国民についてはどうか。このような国民については、選挙の場合と同様に、一定期間その投票権行使から遠ざけ、国民投票の公正を確保するとともに、本人の反省を促すことには相当の理由があるようにも思える。しかし、国民投票は、その性質上、選挙のように繰り返し頻繁に投票の機会がめぐってくるわけではない。したがって、公選法に規定されているような形で、一定の期間投票権の行使を停止する措置はほとんど意味をなさない。

もちろん、期間を限定せず、次の国民投票の機会を制限するといった措置も考えられよう。しかし、この措置は、比較的短期間に憲法の改正が繰り返し実施されるならばともかく、そうでなければ、果たしてどこまで実効的かは疑問である。また、権利回復の期間の定めがない停止措置ということになれば、一般の時効との関係でも問題がある。このように、公選法の選挙権停止に類した制度を国民投票法に導入することは困難である。

そこで、さらに、国民投票の公正を害する行為をした者については、一定期間、たとえば五年間、国政選挙等の選挙への参加資格を奪うといった措置も想定されうる。しかし、上述(一三二頁)のごとく、国民投票(憲法規定の変改行為)と選挙(議員の選任行為)とは権力作用のレベルが違うことからして、両者を連動させることにはそもそも問題がある。ただ、両者は、ともに、その権力作用の重要性からして最大限、公正であることが要請される点では同じだとして、両者を連動させることに合理性があるという主張も成り立ち得ないわけではない。しかし、その場合、国民投票の公正を害する行為をした者は、高度の蓋然性をもって、選挙の公正を害する虞があるということを客観的に論証する必要があろう。その論証が十分に説得的でない限り、そうした措置をとることは、立法事実を欠くものとして到底許されないということになる。

以上のような理由から、国民投票法は、公選法のような投票権剥奪について一切規定を設けていないものと解すべきである。

ここで改めて取り上げておきたいのは、国会が国民に発議し、国民投票に付した憲法改正案について、その「承認」を得られたとするためには「過半数の賛成」が必要だとする憲法第九六条第一項の立法措置に関する問題である。すなわち、それは、〇七年法が通説的見解（後述（z）説）に立ち、国民投票で、憲法改正案に対する賛成票が、投票総数（賛成票と反対票の合計数（有効投票総数））の二分の一を超える場合に国民の「承認」が得られた（第一二六条第一項・第九八条）とする立法措置を講じたことから生じうる問題である。

「違憲だ」として導入されなかった最低投票率制度

上記立法措置に付随して一つの問題が生ずることは、その措置が実質的に決まった参議院特別委における〇七年法案採決の際、「低投票率により憲法改正の正当性に疑義が生じないよう、憲法審査会において本法施行までに最低投票率制度の意義・是非について検討を加えること」との附帯決議（第六）が付されたことからも明らかである。

ここで問題として浮上する「最低投票率」とは、国民投票そのものが成立するために必要な投票所への出足率である。たとえば、二〇一六年一〇月二日、ハンガリーで欧州連合（EU）が決めた加盟国による難民受け入れ分担の是非を問う国民投票が行われた。同国の憲法は国民投票の成立要件を「全有権者の過半数が有効に投票した場合」（第八条第四項）と明記している。この日の国民投票では有効投票が全有権者の四〇％と法定の「過半数」に達せず、国民投票が不成立となった。これが「最低投票率」である。

この最低投票率制度の導入の検討について、〇七年法の附則ではなく、単なる附帯決議にとどまったのは、衆議院における同法案の立案過程において、与党実務者のみならず民主党実務者もまた、その導入に消極的であったからである。なぜ自公民三党の実務者がそろってこの点に消極的であったのか。やや枝葉に及ぶが、導入拒否の抗弁として「違憲論」が持ち出されているので、その全体像を理解するために、与党案策定の経過から辿って見ておこう。

国民の「過半数」の解釈としての「有効投票総数」

与党実務者は、与党案を作成するに際して、議連案をたたき台にした（上述一一〇頁）。議連案は、憲法第九六条第一項に言う「その（国民の）過半数の賛成」について、（x）有権者総数の過半数が賛成である場合とする考え、（y）投票総数の過半数が賛成である場合とする考え、（z）有効投票総数の過半数が賛成である場合とする考え、の三説があるとし、そのうえで、「棄権票（者）や無効票を一律に反対票と同視するのは適切でない」として、（x）（y）説を批判したうえで、（z）説を採用、「有効投票総数の過半数が賛成であることを憲法改正の効果発生要件」としていた（提案理由）。与党案もまた、議連案と同様、「国民投票において考慮されるべき民意は、あくまで賛成または反対という意思を明確に表示した国民の意思であるべきだ」とし、三説のうちから(z)説を選択し、白票など無効票を除外し、「憲法改正案に対する賛成の票の数及び反対の投票の数を合計した数」、すなわち「(有効)投票総数」の過半数とする。

この(z)説の解釈は、(x)説では棄権者が一様に反対者として取り扱われること、(y)説もまた書き損じや他事記載等による無効票が一律に反対票として処理されることから妥当でないとして、学説上も、早くから通説を形成するものであり、それゆえ、同説に基づく立法措置そのものに特段、問題があるわけではない。

過半数計算基準としての「投票総数」と「最低投票率」

問題は、(z)説を採った場合、大量の棄権者や無効票が出た場合でも、「有効投票総数」の過半数が得られさえすれば、憲法は改正されるものとしてよいのか。極端な場合、投票権者総数のわずか数パーセントの賛成意思によって、憲法改正の効果が発生し、国民の「承認を経」(憲法第九六条第一項)たものとすることが、果たして妥当か、という点にある。これは、通説的見解に立つ場合、「総投票がどんなに少なくても、有効投票の過半数を得ればさしつかえないか、それとも最高裁判所の裁判官の国民審査の場合のように、最底《(ママ)》投票数をきめたほうがいいか、きめるとしてどの程度にするかは、法律で定めるべきことであるが、考えておくねうちのある問題である」とし（清宮四〇三）、立法に際して考慮すべき事項とされてきた問題である（この問題は、理論上（y）説の場合にも妥当する）。

もとより、右の問題は、一九四六年五月法制局が帝国議会の審議に向けて作成した『憲法改正案に関する想定問答（第七輯）』において、早々に提起されていた。そこでは、国民の「過半数」（憲法第九六条第一項）を「有効投票の過半数の意」（上述の（z）説の立場）と解したうえで、「然れども事の重大性に鑑み国会に於て其の投票数の最低限度例へば有権者総数の何分の一の投票あることを要すると云ふが如く定むるを実際とすべし」と明言していたからである。通説（（z）説）もまた、当初から「憲法改正の国民投票においても、これ（最高裁判所裁判官国民審査法（「審査法」）第三二条但書）と同様に最低投票数をきめることは可能である」としてきた（法協一四五〇）。さらに、〇七年法の立案過程において、日弁連の意見書（〇五年二月）は、「国民の承認があったとするためには、民意を尊重して全有権者の過半数の賛成が必要とする考え方もある」とし、（x）説に触れたうえで、これをとらずに（y）説または（z）説をとるとき「投票率が一定割合に達しない場合には、憲法改正を承認するかどうかについての国民の意思を十分に、かつ正確に反映するものとはいえないのであるから、少なくとも（最低）投票率に関する規定を設けるべきである」との勧告を行っている。

このように、通説的見地(筆者も(z)説に立つ)からは、当然、〇七年法の立案、同法案の審査にあたって、「最低投票率」の制度を導入するか否かが重要な争点の一つとなるものと考えられていた。ところが、この問題については、衆議院での審議段階からかなり活発な議論が行われたものの、与党案・民主党案の双方が、当初から、この制度を導入しないことで一致していたこともあって、もっぱら共産・社民の委員からの質疑が主なものであった。

最低投票率の急浮上と提案者の強弁

慎重審議の声も空しく衆議院で〇七年法案が「強行」採決され、参議院送付された段階で、最低投票率の問題が、衆議院において一蹴された、重要な論点として浮上する。同法案が衆議院を通過した翌日の四月一四日と翌々日の一五日に実施された朝日新聞社の全国世論調査(電話・有効回答一八〇七人、回答率五四%)は、「法案には、最低投票率の規定は盛り込まれておらず、有効投票の過半数の賛成があれば投票率の高低にかかわりなく、憲法改正が成立する」と説明したうえで、「投票率が一定の水準を上回る必要があるかどうか」を質問、その結果は「必要あり」が七九%に達し、「必要なし」の一一%を大きく引き離すものであった。こうした世論の動向を受け、参議院では、冒頭から最低投票率制度導入の是非が争いとなった。こうしたことを背景に、参議院では民主党所属委員からも、この問題に対する質疑が相次いだ。しかし、参議院において提出された民主党案においても、最低投票率の導入は見送られている。

その際、衆議院与党会派の法案提出者は、本法案の趣旨説明等において、同制度を盛り込まなかった理由として、(a)憲法違反の疑いがあること、(b)ボイコット運動を誘発させる恐れがあること、(c)専門技術的な憲法規定の改正は、国民の関心を引かず、きわめて低い投票率に終始する蓋然性が高く、このような規定の改正をかえって難しくすること、(d)外国の立法例でも、最低投票率を設ける場合にはすべて憲法で規定していることなどを指摘した。ここで、にわかに違憲論が登場したことは、上述の通説の見地から、制度導入の是非を立法政策上の問題だと考えていた筆者にとって驚き《ショック》であった。それは、法案提出者が参議院での法案修正審議を封殺するための強弁だと受け止めざるを得なかったからである。法案提出者が違憲だとする(a)の論拠からみてみよう。

イベントの成立要件を可否決定と直結

最低投票率制度の導入を違憲だとする論拠は、論理的に整理すると次のようになる。すなわち、それは、憲法改正案に対する国民の「承認」について、憲法第九六条が要請する国民の「過半数」とは上記「有効投票総数」であることが明白であるにもかかわらず、同条で明記されていない最低投票率を法律で設定し、その投票率に達しない国民投票の結果を無効とすることは、同条に対し法律で過度の要件を加重するものであって、同条に違反するというものである。

この整理の仕方で問題がないとすれば、違憲論が、まず第一、憲法第九六条の「過半数」の算定基準として同条の解釈により導き出したはずの「有効投票総数」について、これを憲法規定から「明白だ」としていることとの問題性である。すなわち、それは、最低投票率制度が憲法の要請する「過半数」の基準を「有効投票総数」と解釈したときに生起しうる問題を解決するための立法措置であることから目を覆うものだということである。第二に、それは、最低投票率の定めが、その出足率(quorum of participation)としての性質上、国民投票の「結果」、すなわち、憲法改正の可否決定を左右するものではなく、会議体における定足数(quorum)に類似するものであることを看過している点である。そこでは、国会によって国民に「提案」された憲法改正案は未決《ペンディング》の状態にあり、原則として再度の投票によって国民の終局判断が示されることが見過ごされ、その投票率に達しない投票結果が無媒介に「否決」の効果と結びつけられている。最低投票率は、国民投票というイベントの成立要件であって、そこで提案されている憲法改正案の可否要件ではないのである。したがって、設定された最低投票率に達しなかった場合、定足数に満たない会議と同様、単にそのイベントが成立しなかったに過ぎず、憲法改正案という案件そのものが否決されてしまったわけではない。すなわち、国会の提案に対する主権者たる国民の判断は未だ示されていないのであるから、諸般の事情を考慮して一定の時間的猶予の期間を置く必要はあろうが、改めて、国民投票の手続がとられることになるはずである。

ただ、再度の投票でも最低投票率に達しないとなれば、その場合には国会が提案した憲法改正案に対して国民の間で「承認」する意思がないとみなして、不承認、すなわち「否決」の法的効果を付与することも立法政策的には可能であろうし、また、それが望ましいであろう（もとより、初回の投票が不成立に終わった場合に、立法政策上、同様の効果を付与することもあり得ないわけではない）。

「すべて憲法に規定あり」の反証可能性

いま一つ声高に説かれた違憲の論拠は、憲法第九六条とは異なり、諸外国では最低投票率はすべて憲法で規定されているという上記（d）である。

ここで「すべて」というのは、世界のすべての国という意味ではなく、法案提出者が調査した国の「すべて」で、というほどの意味であろう。前者であれば、世界には一九〇余の国があることから、それらのうち、成文憲法典を保持する国の憲法改正規定に関する手続法にまで立ち入って調べてみなければ確かなことは言えない。参議院特別委員会における審査（〇七年五月一一日藤末健三委員の質疑）においても、セルビア・パラグアイ・ウズベキスタン・ウルグアイ・ペルーは憲法ではなく法律でこれを規定しているとの指摘がなされており、それゆえ、前者の意味ではなかろう。そこで、後者の意味だとすると、法案提出者が拠ったと思われる調査報告書（事務局作表）に記載のあるリトアニア憲法（報告書七）における国民投票の成立要件は、原則、憲法ではなく、法律でその定めがなされている。したがって「すべて憲法に規定あり」とはやや風呂敷を広げすぎた嫌いがあるように思われる。

本音は「ボイコット運動」封じ

〇七年法に最低投票率制度を盛り込もうとしなかった最大の理由は、実は上述の違憲論ではなく、制度が設けられることで、ボイコット運動が激化することに対する恐れという上記（b）の論拠にあると思われる。しかも、この論拠は、与党法案の提出者のみならず民主党の実務者も力説するところである。それは、たぶんに二〇〇五年秋の両党実務者がともに参加した衆議院欧州各国国民投票制度調査で得た共通の知見、とりわけ（i）「イタリアのように、五〇％の最低投票率というのが決められてしまえば、反対派が有利となり、棄権が一つの選択肢になってしまう」（オーストリア・コール国民議会議長）、（ii）「（最低投票率制度が設けられると）国民投票にかけられる案件に反対する者は、投票権者のなかでごく少数派であっても、棄権するよう人々に呼びかけるからだ」（ベニス委員会「国民投票の研究」）といった言説に求められるのであろう。

もしこれら言説が、憲法第九六条のもとで最低投票率制度を導入すべきでないとの論拠として措定されているとするならば、しかし、それは説得力に欠けると言わざるを得ない。けだし、(i)の例は、憲法改正ではなく、法律廃止の国民投票にかかる制度であり、しかも、問題となった一九九〇年の国民投票は、環境保護派主導による業者保護立法の破棄を求める国民投票に対して、その立法を推進した圧力団体・大政党そして政府が一丸となって投票ボイコットのキャンペーンを行った事例であり、提出者が想定するような少数派の激しい反対工作とは言えないからである。また、ベニス委員会は、上記(ii)のような棄権の訴えを誘発する「最低投票率の導入は好ましくない」とする一方で、同委員会が作成した「憲法改正国民投票に関するガイドライン」の起草説明メモ(Draft explanatory memorandum)では、有効投票総数の過半数とした場合でも、低い出足率により、少数の有権者によって投票の結果が左右され、やっかいな政治状況が惹き起こされることもありうるとし、同委員会自体、当該制度導入の是非については必ずしも確定的な態度を示しているとはいえないからである。なお、上記『報告書』には、「国民投票にかけられる事項は重要」であるがゆえに、「五〇%の最低投票率の要件は必要だ」との見解(スロバキア国会憲法・法務委ミシーク委員)が紹介されていることも付言しておこう(報告書八二)。

最後に繰り出す「多数意思」無視の方便

これに対して、提出者は、最低投票率制度に反対するのは欧州調査で得た知見に基づくものではなく、わが国でこの制度を導入し、たとえば、「投票権者が百人として、最低投票率を三〇%とした場合、(かりに投票に参加した)二九人(全員)が賛成しても、たった一人が棄権する(足りない)ことで、二九人の意思が否決され、不合理な結果となるからだ」と弁ずるであろう。しかし、この言説が成り立つのは、最低投票率に達しない投票結果が「否決」と同じ効果(提出者の言う「無効」)を持つものとした場合である。イベントの成立要件たる最低投票率制度のもとでは、最低投票率に達しなかった投票は、その性質上一定の猶予期間を置いたうえでの「再度の投票」の効果しか持たないので、このような棄権は、本来、暫時的阻止の意味しか持ち得ないはずである。

なお、最低投票率を設定した場合、開票の結果、憲法改正案が投票総数の多数の賛成を得ていることが判明したにもかかわらず(通常、投票箱は封印されたまま開票されないことに留意)、投票率が最低ラインに達せず、そのため、国民投票自体が不成立として取り扱われることになると、投票に参加し賛成票を投じた「多数意思」が無視されることになり、したがって、かかる制度の導入は「民意」を歪めることになるとの批判がある。たしかに、賛否を問う国民投票において、棄権の形で反対の意思を表明することは一般に望ましいことではない。投票を通じて反対の意思を表明するのがスジである。ただ、「棄権キャンペーン」(表現行為にとどまる限り憲法で保障)が功を奏した結果かどうかはともかく、実際に、反対者の多くが棄権した結果、最低投票率に達しない場合、そこでは、進んで投票所に出かけ、賛成票を投じた数が多数を占めることになるのはいわば理の当然である。この賛成票数をもって、「多数意思」「民意」が無視され歪められたと容易には語り得ないであろう。棄権者の多くは、現状のままで良い(改正の必要なし)と考え、投票所に足を運ばなかったとも言えるからである。

そもそも、国民投票において、棄権をどう評価し扱うかは「一箇の難問題」である。投票権者の多くが棄権し、投票参加者がきわめて少ない場合、多数の棄権者は可否いずれに決められても不服はないはずだとして取り扱うべきか。それとも、「議会に於ては、纔《わず》かに定足数の制限によって、極端な場合が避けられてあるとすれば、国民投票に於ても、その成立の要件として参加者の数の最小限を高め」ることで(河村四〇六)、憲法改正の承認の可否という重要な判定が少数の投票によって決せられることを防止すべきか。

〇七年法案の国会審議を概観する限り、与野党ともに、この難問に正面から向き合ったうえで、最低投票率制度を導入しないとの結論を出したとは到底、思われない。

最後に、与党法案提出者が最低投票率制度の導入に反対する論拠(c)、すなわち、最低投票率を設定すると、国民の関心が薄く投票が低迷する恐れのある専門技術的な憲法規定の改正がきわめて困難になるとの理由づけについて一言しておく。これは、国会議員や国民の間でおよそ話題にすらなり得ない文言、たとえば、憲法第七条第四号の「国会議員の総選挙」を「衆議院議員の総選挙及び参議院議員の通常選挙」(自民党・一二年改憲案)に修正する改正案を単独で国民投票にかけるような場合、最低投票率に達しない恐れがたぶんにあり、この毒にも薬にもならない改正の成立の方がかえって難しくなるというものである。

「選挙の際行はれる投票」の黙殺

憲法第九六条は、このような場合を想定して、「特別の国民投票」のほかに「国会の定める選挙の際行はれる投票」(以下、「同時実施」)を規定しているのである。ところが、この規定について、各院総議員の三分の二以上の多数の賛成で発議する憲法改正の国民投票と与野党が旗幟鮮明にして政権の維持または奪取をめざしてたたかう国政選挙とを一緒に行うことは国民をいたずらに混乱させるおそれがあるとして、憲法上は同時実施もありうべきことを黙殺、国民投票法は「特別の国民投票」に関する実施手続のみを定める。しかし、憲法改正の内容が専門技術的なものであれば、政党間の対立はほとんどないはずであり、このような改正案こそ同時実施の方式によるのが投票率向上や経費節減からみても便宜であり、はるかに合理的であって、憲法第九六条はまさにかかる考慮から同時実施の規定を置くものと解すべきである。

もとより、国民投票法は、国民投票の期日について、「国会が憲法改正を発議した日から起算して六十日以後百八十日以内において、国会の議決した期日」(第二条第一項)としか定めていないので、国会が投票期日を議決した後、「衆〔議〕院が解散され、その総選挙の期日と国民投票の期日が同一の日となること」(橘他(1)一二)は排斥されていない。したがって、事実上、国政選挙と同一期日に国民投票が実施されることもあり得ないわけではない。しかし、同法自体は、同時実施を想定せずに立法化されているものと言える(岩波九九)。

2　国民投票運動の自由と制限

前提としての国民投票運動の自由

そもそも、憲法改正国民投票とは、国会の発議した憲法改正案について、主権者たる国民が賛否の意思表示を行い、その承認の有無を決する行為である。したがって、国民がこの国民投票を行うためには、その前提として当該改正案の趣旨およびその具体的内容のみならず、それに対する賛否の理由が国民投票に参加するすべての者にとって明確なものとなっていなくてはならない。しかも、そのためには、とりわけ、国民の間で憲法改正案をめぐる論議が活発に展開され、各人が賛成もしくは反対の意見を形成し、その態度を決するまでにみずからの主権的意思を固めておくことが要請されるのである。要するに、この憲法改正の態度決定に必要な国民の主権的意思は、討議ないし熟議を通じてはじめて具体的な形をとることになる。それゆえ、国民投票に至るまでの過程において、国民各人が討議、討論に参加しうる自由な公共空間が確保されていなければならない。とりわけ、インターネットを通じて、虚実不明の情報が満ち溢れ、投票や選挙の結果すら左右する「ポスト真理(事実)」とも言われる現代の状況下にあっては、憲法改正案に関する言説の真偽を見極め、淘汰しうる開かれた言論空間の存在が不可欠である。憲法第二一条の集会、結社および言論、出版等一切の表現の自由が、こうした空間の保障に資するのである。

国民投票法は、憲法改正案に関して国民が、発議の日から投票日まで、自由に意見を表明し、相互に活発な議論を行うことを前提に、国民各自が当該改正案に対し「賛成又は反対の投票をし又はしないよう勧誘する行為」を「国民投票運動」(第一〇〇条の二)と定義づけ、この他者に対して「勧誘する」行動について、もとよりこれを自由に行いうるとしたうえで、対象者を限定し必要な範囲で規制を行う。これは、憲法改正国民投票の場合、選挙とは違って、特定の運動員が想定されておらず、「賛成・反対の立場から、様々な団体・個人が、それぞれの意見表明を行い、かつ、他人に対して賛否の勧誘行為を行うことが想定」されているからである（橘他(1)二三）。つまり、公選法の運動員を対象とした選挙運動に関する規制は、国民投票運動には当てはまらないということである。

規制モデルとしての選挙運動規制

ところが、国民投票運動に関する法制の立案は、沿革的には、公選法の選挙運動規制を踏襲すべきか否か、という問題から始まったと言っても過言ではない。すなわち、一九五〇年代に策定された調査会・要綱（上述九五頁）と自治庁案（上述九七頁）を対比してみると、国民投票運動（「国民投票に関し憲法改正に対し賛成又は反対の投票をさせる目的をもってする運動」）について、前者の要綱は「原則として自由」とし、その罰則は「必要なものに限定する」としたが、後者の自治庁案はきわめて詳細な規制を課し、また、その違反に対して厳罰をもって臨む。ここで目を惹くのは自治庁案の拠って立つ根拠である。それは、憲法改正にあたっては、思想的に、政治的に、社会的に、非常な対立を惹起することが容易に予測できる。したがって、国民投票には、秩序を紊《みだ》すような集団的、破壊的、暴力的行動の危険が少なくない。投票所、開票所の襲撃といった危険性が強い。こうした一部国民が暴徒と化する虞があるといった当局の「恐怖心」をもとに、同案には、次のような厳しい規制の網がかけられていた(違反者に対しては禁錮等の罰則)。①特定公務員(国民投票事務関係者、裁判官、検察官、公安委員会委員、警察官等)による運動の全面禁止。②教育者(学校教育法に定める学校の長および教員)による地位利用の運動の禁止。③未成年者使用の運動の禁止。④外国人等の運動および寄附の禁止。⑤気勢を張る行為の制限。

これらの制限は、いずれも、当時の公選法で、公職の選挙に際して加えられていた規制措置を流用したものである。また、国民投票にかかる犯罪についても、利益供与等の罪、国民投票の自由妨害罪、国民投票事務関係者・施設等に関する暴行等の罪、多衆の国民投票妨害罪、せん動罪等が公選法にならって類型化されていた。

国民投票運動と選挙運動との違いの摘示

ただ、自治庁案には公選法に見られるような文書・言論規制は存在しない。これについて、立案責任者の金丸(上述九七頁)は、「選挙運動は、文書及び言論の両面にわたって厳重に制限されている」が、「これは、主として、選挙運動に多くの費用を要し、これが選挙界腐敗の根因となつているからに外ならない」としたうえで、次のように説く。

憲法改正の国民投票〔運動〕は、直接に個々人の利害に関しないし、また規模が全国的な選挙〔投票〕でもあるので、個人的な運動や投票の買収のごときことは、さして行われないものと思われる。したがつて、選挙と異つて、これに賛成又は反対の運動を行うために使用し得る費用の最高額を定めるという必要もあるまい。そのことは、消極的な面から、言論や文書による運動を制限する必要がないことを示唆する。事実、憲法改正は、立〔主〕権在民の主義や、基本的人権、再軍備、国会制度等、国の基本の制度を根本から変更することが、あり得るわけであるから、言論や文書による運動は、むしろ積極的に、活潑に大いに行われてしかるべきであつて、制限することの必要が少い。自由を原則とすべきである（金丸三九）。

自治庁案が、公選法の規制にならいつつも、国民やマスコミの言論や文書による憲法改正案をめぐる賛否の談論風発に配慮したのも、このような金丸の考え方に基づくものであろう。こうした金丸の考え方からすると、二〇〇一〜〇二年の議連案（憲法調査推進議員連盟・国民投票制度小委員会・粟屋敏信小委員長）、〇四〜〇五年の自民党案の作成過程で協議された、次のような公選法における新聞紙、雑誌の不法利用等の制限規定（第一四八条の二等）に倣った、虚偽報道等に関するメディア規制は、そもそも選挙運動と国民投票運動の本質的な違いを理解していない、ということになる。

（a）新聞紙又は雑誌の虚偽報道等の禁止

新聞紙又は雑誌は、国民投票に関する報道及び評論において、虚偽の事項を記載し、又は事実をゆがめて記載する等表現の自由を濫用して国民投票の公正を害してはならないものとすること。

（b）新聞紙又は雑誌の不法利用等の制限

（i）何人も、国民投票の結果に影響を及ぼす目的をもって、新聞紙又は雑誌の編集その他経営を担当する者に対し、財産上の利益の供与、供応接待等を行って、当該新聞紙又は雑誌に国民投票に関する報道及び評論を掲載させることができないものとすること。

（ii）新聞紙又は雑誌の編集その他経営を担当する者は、財産上の利益の供与を受けること等によって、当該新聞紙又は雑誌に国民投票に関する報道及び評論を掲載することができないものとすること。

（iii）何人も、国民投票の結果に影響を及ぼす目的をもって、新聞紙又は雑誌に対する編集その他経営上の特殊な地位を利用して、当該新聞紙又は雑誌に国民投票に関する報道及び評論を掲載し、又は掲載させることができないものとすること。

（c）放送事業者の虚偽報道等の禁止

日本放送協会及び一般放送事業者は、国民投票に関する報道及び評論において、虚偽の事項を放送し、又は事実をゆがめて放送する等表現の自由を濫用して国民投票の公正を害してはならないものとすること。

もっとも、こうした考え方は、〇五年設置の衆議院特別委員会において審議が本格化するにつれて背後に退き、民主党との内々の協議を受けて「規制ゼロ」をベースラインとして国民投票運動の在り方について改めて検討が行われることになっていった。

賛否報道をめぐる法的規制の当否

そもそも国民投票の賛否報道をめぐる法的規制の当否については、論理的に次のような二つの見解が成り立ち得る。

すなわち、一方で、虚偽報道等に対しては取締り当局の濫用にわたらぬよう厳格な要件を付した法律を整備し、違反行為に対して厳罰をもって臨むべきだとする見解である。それは、国民投票の公正が最も頻繁に危険にさらされるのは、人を欺く虚偽の主張、インチキな統計資料等が国民に伝えられる場合であるからで、したがって、そうした行為を違法として明確に法定し、刑罰をもって取り締まることは、適切な情報に基づく討議を促すうえで大いに役立つからだというものである。

これに対して、他方で、何がインチキで人を欺く主張かは、言論市場、公共空間において自由な討議が闘わされる中で国民各人がみずから識別すべきものであって、法律に基づいて国がその真偽を判別することで実現すべきものではないとする見解である。すなわち、虚言もしくは一部だけしか真実でない言葉や非難など、そういったものと闘う最善の方策は、反論ないし反対意見の自由な表明にある。とりわけ憲法上、言論、出版等一切の表現の自由が保障され、自由な言論活動が最高の価値を有する社会にあっては、そこで闘わされる主張の真偽を見極めることは、国民各人が当然みずから果たすべき責務だというものである。

憲法改正という主権的国民意思の表明に必要な国民みずからの自由な意思形成の場、いわゆる公共空間に国家が言論の内容にかかわって規制をかけることは、憲法第九六条の国民投票権の趣旨およびそれと表裏一体をなす憲法第二一条の政治的言論の自由の保障に照らして許されないものと考えるべきである。

後者の見解が真っ当だと考えられたのであろう。メディア関係者や世論の強い批判を受けて、

「規制ゼロ」(上述一五五頁)ということで、この問題は最終決着する。そして、国民投票法では、テレビ・ラジオなどの公共の電波を用いるメディアについてのみ、国民投票に関する放送を行う場合、一般放送事業者は放送法の「政治的公平性等の番組準則」(第四条第一項)に留意する旨の確認規定が置かれているにとどまる(第一〇四条)。なお、テレビ・ラジオなどによる国民投票運動のための有料広告(「スポット広告」(番組のスポンサーとならない広告))について、メディア側の自主・自律に委ねるべきだとの意見もあったが、立法者は、投票期日が近づくにつれ扇情的な広告が集中的に流される事態を予測し、当該期日前二週間を有料広告の禁止期間としている(第一〇五条)。

一般の公務員に対する規制

自治庁案には、特定公務員・教育公務員に関する国民投票運動の制限規定はあるが(後述一六二頁以下)、一般公務員が国民投票運動を行うことについては、特段の規制が置かれていなかった。それは、公務員もまた、その職務を離れれば、憲法改正という主権者たる国民にとって最も大切な問題について自由に賛否の意見を表明し、また、直接、他者に働きかけ勧誘する固有の権利を保持しているとの考えに基づくものであろう。この点は、〇七年法も同様であり、国民投票運動について、一般公務員もまた、原則として自由にその運動をなしうるものとしている。ここで「原則として」とは、既存の公務員法制との関連でという意味においてである。これが明確となったのが、〇七年法案の立案過程においてである。

すなわち、与党案と民主党案は、公務員の国民投票運動について、ともに、現行の国家公務員法(国公法)および地方公務員法(地公法)の政治的行為に対する制限規定の適用を想定していた。しかし、国公法と地公法とでは、その制限の仕方に違いがある。地公法は、職員は特定の政党等を支持し、又はこれに反対する目的をもって、あるいは公の投票において事件を支持し、又は反対する目的をもって「公の投票」に際し「政治的行為をしてはならない」(第三六条第二項第一号)と明記しているところから、憲法改正国民投票もまた、この「公の投票」に該当することは明らかである。ところが、国公法は公務員の政治的行為の制限について、これを人事院規則に委ね(第一〇二条第一項)、その委任を受けた人事院規則一四―七には「国民投票」が読み込める規定は存在しない。そこで現行法制で対処するとなると、地方公務員の活動は制限されるが、国家公務員は自由に活動できるということになる。

そこで、両案ともに、この際、国家公務員に制限を加える形で、規制をかけるのではなく、むしろ、国公法および地公法の制限規定は適用除外とする旨を明記する。その結果、「公務員が国会が憲法改正を発議した日から国民投票の期日までの間に行う国民投票運動その他の憲法改正に関する意見の表明及びこれに必要な行為については、国公法、地公法等の政治的行為の制限等に関する規定は適用しないものとすること」とした修正案が、与党、民主党の双方から示されたのである。民主党はともかくとして、公務員の政治的活動は当然に制限されるべきだと考える議員を多くかかえる自民党内が、この適用除外の修正で纏まるはずはなく、不満が内向することになる。とはいえ、ここでは、ひとまず、与党・自民党が譲歩した修正だと言える。

問題先送りと一四年改正法での決着のつけ方

この問題は、〇七年法案の国会成立を至上命題とする第一次安倍政権のもと、民主党に大幅譲歩するかたちで、「国は、この法律が施行されるまでの間に、公務員が国民投票に際して行う憲法改正に関する賛否の勧誘その他意見の表明が制限されることとならないよう、公務員の政治的行為の制限について定める国家公務員法、地方公務員法その他の法令の規定について検討を加え、必要な法制上の措置を講ずるものとする」(〇七年法附則第一一条)とし、先送りされた。

先送りの経緯について、〇七年法案の発議者曰く。「〔国公法等の政治的行為の制限規定を全面適用除外にすると〕これを奇貨として、つまりこれにかこつけて、例えば個別の票の獲得運動等が行われるのではないか、そういう懸念が我が党内においても多数寄せられ、許される政治的行為と許されない政治的行為を切り分ける必要がある、そういう考え方に至りまして、最終的にはこれを宿題と位置づけた現行法が制定されたという経緯があった」と。

この宿題に決着をつけたのが「現行法」、すなわち一四年改正法である。それは、案の定、自民党内からの反発に配慮したものであった。そこでは、現行法制上の制限規定の全面適用除外とは真逆の「全面適用」を前提に、「純粋な賛否の勧誘及び意見表明に限り公務員もこれを行うことができ、他の政治的行為を伴うものは行うことができない」という切り分けが行われる。この切り分けで法制上の整理はついたとするが、適用除外ではなく、棲み分けだけで、本来、自由であるべき公務員の国民投票運動に少なからず影響が及ばないか、懸念されるところである。そして、一四年改正法案の与野党協議でも、こうした懸念が表明されたのであろう。確認書に「改正法施行に当たり、国民投票運動を行う公務員に萎縮的効果を与えることとならないよう、政府に対して、配慮を行うことを求める」(第4)と記されている。しかし、この問題は、規制権力に対して「配慮」を求めるだけで済むのか。

ともあれ、国民投票法は、「公務員は、公務員の政治的目的をもって行われる政治的行為又は積極的な政治運動若しくは政治活動その他の行為(「政治的行為」)を禁止する他の法令の規定(「政治的行為禁止規定」)にかかわらず、国会が憲法改正を発議した日から国民投票の期日までの間、国民投票運動及び憲法改正に関する意見の表明をすることができる。ただし、政治的行為禁止規定により禁止されている他の政治的行為を伴う場合は、この限りでない」(第一〇〇条の二)とし、この問題について「いわゆる純粋な国民投票運動」に限り、これを認める形で、法制上一応の決着が図られた。そして、後は、すべからく取締り当局による「萎縮的効果」を伴わぬ運用に委ねるというのである。では、管理職の地位にあり、職務権限に裁量権のある公務員が、休日、職務と無関係に、公務員だとは認識されない態様で、憲法改正に関する論評と特定政党に対する支持の訴えを等分に記載した文書を配布する行動に出た場合、当局はこれをどう判断するのか。そこでの「萎縮的効果」のない法運用とは一体なにか。

特定公務員の国民投票運動の禁止

自治庁案は、国民投票事務関係者、裁判官、検察官、公安委員会委員、警察官等の特定公務員による国民投票運動を禁じていた。与党案は、これを継承し、中央選管委員・選管庶務担当の総務省職員・選管委員及び職員・国民投票広報協議会事務局職員(以下「前者」)の国民投票運動を禁じたうえで、さらに、裁判官・検察官・公安委員会委員・警察官(以下「後者」)をもその禁止対象に加えている。これに対して、民主党案は、前者のみをその禁止対象とするものであった。与党と民主党の双方が歩み寄った〇六年一二月の与党修正案は、民主党案に倣う形で後者を削除し、前者だけを禁止の対象とした。その理由は(a)国民投票運動が萎縮するのを避けること、(b)意見を表明する権利と国民投票運動との区別がつきにくいことであった。これらは、特定公務員に限らず、公務員一般にも妥当するものでもあるが、「公務の中立性」を金科玉条としてきた自民党内は、これで纏まるはずはなく、火種を残した形となった。〇七年法はこれで乗り切ったが、一四年改正法案の審議に際し、一般公務員の国民投票運動に関して、「純粋な賛否の勧誘」(純粋な国民投票運動)が認められることになったことから、特定公務員の範囲の問題が再燃した。その結果、「国民投票運動に関して、これを直接取り締まるか、あるいはこれについて判断を下す立場にある者」は、もとより「国民投票において一般国民ではおよそなし得ない大きな影響を与えるおそれがある者」であり、その国民投票運動は全面的に禁止する必要がある(橘他(2)一二)との理由で、後者をも禁止対象とする原案回帰の決着が図られた(国民投票法第一〇二条参照)。

公務員等・教育者の地位利用による国民投票運動の制限

自治庁案には、教育者の地位利用による国民投票運動の禁止が盛り込まれていた。また、議連案(上述一〇七頁)は、教育者に加えて、国・地方の公務員等についてもその地位を利用した国民投票運動を禁じていた。与党案は、この議連案を踏襲し、国・地方の公務員等と教育者の地位利用による国民投票運動の禁止を明記していた。他方、民主党案には、当初、そうした禁止規定は置かれていなかった。

ところが、上述（一五七頁以下）した一般公務員の国民投票運動の自由との関連で、公務員と教育者の地位利用の問題が浮上した。そこで提起されたのは、民主党の主張通りに、公務員法上の政治的行為の制限を適用除外とするにしても、公務員や教育者について、その地位を利用した当該運動については、最小限度、何らかの制限が必要だとする与党側の指摘であった。与党は、修正案において、原案の要件を明確化し、「公務員等及び教育者は、その地位にあるため特に国民投票運動を効果的に行いうるような影響力（教育者にあっては、学校の児童、生徒及び学生に対する影響力）又は便益を利用して、国民投票運動をすることができないものとすること」としたうえで、民主党に配慮し、違反行為に対する罰則の部分は削除する。そして、これと全く同じ内容のものが、本来、この種の制限を設けていなかった民主党の修正案にも導入される。それは、発議者によれば、上述（一五九頁）のように、公務員法の政治的行為の制限規定が国民投票運動に適用されないとなると、「最小限の部分で何らかの配慮が必要である」ことから、与党が主張する「地位利用による運動制限について明確な限定を加えたうえで、さらに罰則を設けることもなく、もしこれに違反をし、それが公務員法上の非違行為に当たる場合」、公務員法上の措置で対処すればよいとの考えに基づくものである。

こうして、与党と民主党の間で決着が図られた結果、国民投票法は、国や地方の公務員等が、

「その地位にあるために特に国民投票運動を効果的に行い得る影響力又は便益を利用して」、国民投票運動を行うことを禁止する(第一〇三条第一項)。また、教育者についても、学校の児童・生徒や学生に対する同種の影響力または便益を利用して、国民投票運動を行うことを禁じている(同条第二項)。

公務員や教育者のどのような発言や行動が、そうした地位を利用した国民投票運動に当たるか、運用に際しその判断に窮することになろう。

組織的多数人買収罪の沿革と組織的勧誘運動の企画等に関する検討

公選法には「多数人買収罪」と称する、選挙ブローカーが選挙人と候補者の間に介在して、選挙を腐敗させる買収行為を重く罰する規定がある。この犯罪は、財産上の利益をはかることを目的として、候補者または候補者になろうとする者のために多数の選挙人等を買収あるいは利益誘導させることにより成立する(公選法第二二二条)。これに倣って、与党案には、国民投票に関して、組合や団体といった組織が憲法改正案の賛否投票について、投票人に対し、このような買収・利益誘導を禁止する旨の規定(組織的多数人買収罪)が置かれていた。

与党立案者によれば、このような規定は、公職者を選ぶ選挙運動と国家の基本法制たる憲法のあり方を選択する国民投票運動との差異にかんがみて、その対象を社会常識的な行為を逸脱する悪質な行為に限定すべく、組織により、多数の投票人に対し、賛成または反対の投票をし、またはしないよう勧誘する行為であって、その報酬として、金銭や投票行動に影響を与えるに足りる物品を供与する行為等に限ることとしたというものである。

他方、民主党案は、当初、この種の規定を設けなかった。それは、いわゆる国民投票運動と憲法改正案に関する意見表明との区別が必ずしも明確でないなかで、たとえば、仕事帰りの職場仲間が居酒屋で憲法談義をし、上司が飲み代を払った場合、買収罪に該当する可能性があることを明確に排除することができないからだというものであった。これは本当に悪質なケースだけが取締りの対象になる構成要件を設けることが困難であるとの判断によるものであり、取締り当局による濫用の虞のない明確な規定が可能であれば、組織的多数人買収罪を設置してもよいとするものであった。

そこで、与党および民主党間の修正協議を経るなかで、与党は、犯罪となる要件を明確に限定したものに修正することで対応、当初の「憲法改正案に対する賛成又は反対の投票をし又はしないよう勧誘し」を「……投票をし又はしないよう積極的に勧誘し」と修正、また、「影響を与えるに足る物品その他の財産上の利益」を「(国民投票運動において意見の表明の手段として通常用いられないものに限る。)」と限定する。民主党は、この与党修正を、「この形であるならば、本当にかなり極端に悪質なものに限定される」と考え、これで「萎縮的効果が働かないかどうか、あいまいさが残らないかどうか」を確認したうえで、最終判断をしたいと引き取る。そして、結局のところ、民主党もまた、与党の修正案をそのまま取り込んだ修正案を作成し、この問題に決着をつけている。その後、併合修正案において、「積極的に」の文言が「その旨を明示して」に修正、〇七年に確定されている(国民投票法第一〇九条第一号)。

こうして、この問題に決着がつけられていたところ、一四年改正法案の審議過程で、公務員の「純粋な国民投票運動」の「解禁」と相まって、ここでも案の定、公務員の政治的中立性・公務の公正性の観点から、組織により大規模な形で行われることが多い勧誘運動、署名運動および示威運動の三つの行為類型について、「公務員が企画、主宰、及び指導という主導的役割を果たすことについては、公務員も主権者の一人として一定の政治活動の自由があることを斟酌してもこれを全面的に許したままでよいのか」(橘他(2)一三)との批判がなされた。そのため、一四年改正法は、三つの行為類型にかかる公務員による「企画、主宰及び指導並びにこれらに類する行為に対する規制の在り方」については、別途検討を加えたうえ「必要な法制上の措置を講ずるもの」とし、問題を先送りしている(附則第四項)。

「政治的中立性」を錦の御旗に官公庁と官公労双方の幹部を規制対象とする立法措置の検討

の体裁をとるが、しかし、実際は、たぶんに政権与党サイドによる、官公労組の「組織的」な反対「運動」の取締りを狙いとしたものであることは確かである。「別途検討」の行方を見極める必要がある。

国民投票広報協議会の組織・活動の本質

憲法改正の国会発議があったとき、その発議にかかる憲法改正案の国民に対する広報に関する事務を行うため、衆参各一〇人の議員からなる国民投票広報協議会（協議会）が設置される（国会法第一〇二条の一一第一項、国民投票法第一二条第二項）。協議会について、当初、与党案では「憲法改正広報協議会」、民主党案は「国民投票広報協議会」を設けることとしていたが、与党併合修正案において、広報の目的を明確化するために国民投票広報協議会と改称されたので、両案の名称が同じものとなり、〇七年にこの名称で法制化された。また、協議会については、当初から、与党案と民主党案の間で、その組織・権限に異同はなく、ともに、「憲法改正の発議があったときは、その国民に対する広報に関する事務を行うため、国会に、各議院においてその議員の中から選出された同数の委員で組織する」ものとされていた。ここでは、国会に協議会を置いたことの当否について若干の疑問を述べておきたい。

日本国憲法上、国会は憲法改正の発議機関であり、国会の役割は国民に対する発議に尽きるはずである。しかも、すでに、衆参両院を構成する議員は、憲法改正案の発議の採決において、その原案に対する賛成または反対等の意思を表明することで、みずからの立場を鮮明にしている。その旗幟を鮮明にした議員が、同時に、みずから発議した憲法改正案について、これから賛否いずれかの意思を形成しようとする国民に対する広報活動の責任主体となり、改正案の賛否に公正中立性が要請される広報という活動に携わるには、余りに色がつき過ぎていてふさわしくないのではないか。むしろ、国会議員は広報活動から潔く身を引き、国会から独立した第三者機関を立ち上げるべきではなかったのか。もとより、この種の第三者機関が百パーセント公正中立であることは困難だとしても、少なくとも、その組織・構成において、賛否の意思を表明した議員よりは「公正らしさ、中立らしさ」が確保されえよう。

協議会の担う広報活動は、これから、国民の最終判断を仰ぐために必要な憲法改正案に関する情報を国民に提供する活動であって、発議された憲法改正案の普及活動ではない。普及活動であるならば、かつて、日本国憲法が制定、公布されたとき、憲法普及会なる団体が組織され、そこに憲法改正案の審議に携わった帝国議会の議員が積極的に参加したように、当事者である議員がその内容の説明に当たることも十分に理由がある。しかしながら、その場合であっても、帝国議会ないしその議員が普及の主体となったわけではなく、憲法普及会という独立した団体が組織され、有志の議員がその一員となって普及活動に従事したのである。しかも、それは、制定・公布された後の憲法について行われた活動である。

広報活動のあり方

しかし、ここで問題となっているのは、発議されたばかりで、これから国民の「承認」を求めるに際し、憲法改正案について実施する広報活動である。そこで国民が「承認」手段として用いる国民投票は、主権者たる国民が最終的に憲法改正案の成否を決める法的作用である。その国民に対して投票の際の公平な判断材料を提供するのが、ここでの広報の役割である。したがって、国民に伝える広報の内容をどうするかという以前の問題として、その広報の責任主体について、そもそもその主体は中立な構成員からなるものでなければならないはずである。なぜなら、何人も自らにかかわる事件で裁判官たることは許されないからである（マディソン四三）。

こうした批判を予測してであろう。国会議員が行う協議会の広報活動は、国民投票法所定の広報活動に限定される。とりわけ同法第一〇七条は、協議会が行う「憲法改正案の広報のための広告」（国民投票広報）に関して、「憲法改正案に対する賛成の政党等及び反対の政党等の双方に対して同一の寸法及び回数を与える等同等の利便を提供しなければならない」（同条第五項）とし、その活動に法的縛りをかけている。

この点は、国民投票が盛んに行われている国でも試行錯誤を重ねているようである。たとえば、一九九八年、新たに制定されたアイルランドの国民投票法(九八年法)では、国民投票ごとに国民投票委員会を設置するものとし、最高裁の前裁判官、高裁の前裁判官または現職の高裁裁判官のうち、最高裁長官により指名される者(委員長)、会計検査院長、オンブズマン、議会各院事務総長の五人のメンバーによって、憲法改正案が下院に提出された後にこれを組織するものとしている。

この委員会の任務は、国民投票に付される改正案に関する情報を、マスコミを通じて、またパンフレットを配布するなどして国民に伝えることにあるが、その際、改正案に対する賛否両論を平等に掲げなければならないものとされている。九八年法でこれが明記されたのは、憲法改正に対する政府の一方的な言論活動、広報活動を違憲とした最高裁判決に起因する。すなわち、それは、九五年、離婚を解禁する憲法改正案が国民投票に付された際、これを主導した政府のキャンペーンに対し訴訟が提起され、最高裁によって、投票日の一週間前に、公金を用い国民に賛成票を投ずるよう促す政府の広報活動は、憲法の民主的改正手続および憲法的手続に対する妨害であり、民主国の基礎をなす平等の観念を侵害するとして違憲と判断されたことによるものである(なお、九八年法の両論均分掲載規定は政党や利害団体がキャンペーンの「主人公」たることを弱体化させるものだとして、二〇〇一年の改正により削除)。

政府が発行する広報の誌面の作成方法に関する外国の制度を参考までにもう一例挙げておく。それは、オーストラリアの一九八四年国民投票法に規定されているものである。そこでは、国民に配布するパンフレットには憲法改正案に対する賛否両論をおのおの二千語以内で掲載すべきものとし、その賛成論は、改正案に賛成した議員の過半数が承認したものでなければならず、また反対論は、それに反対した議員の過半数が承認したものでなければならないとされている。しかも、そのオーストラリアで、法的規制が課せられているとはいえ、政府や議員の手によるパンフレットでは客観性を保持しがたいとし、一九九九年、同法を改正し、政府や議員から独立の選挙委員会にその権限を移譲する措置が講じられている。

こうした国民投票先進国で試行錯誤を重ねている広報のあり方が少なからず参考とされたのであろう、賛否両論に同じスペースを割り当てる九八年のアイルランド方式が、国民投票法でも採用されている。国会内で二対一の比率で分布する賛成・反対の意見も、国民的討議の場、いわゆる公共空間においては対等の価値を有すべきものと考えるなら、妥当な立法措置といえる。ただ、オーストラリアにおける九九年の法改正に見られるように、議員が、広報活動の主体となることに、わが国でも、疑問が提起されて然るべきである。

3　改正の発議は

国会法改正の概要と問題点

憲法第九六条に関する手続法の整備のうち、国会による憲法改正案の「発議」にかかわる国会法改正については、①議員発議の場合の賛成者の員数要件、②内閣による憲法改正原案の提出権の有無、③国民による原案提出制度の是非、④原案の発議方式、⑤原案の審査体制・手続、⑥原案の議決(「総議員」の意義)などが問題となった。ただ、与党案および民主党案には、それぞれ「国会法の一部改正」として、これらの点の改正案が内包されているが、両案の間に特段の違いはなく、そのため、〇七年法の国会法改正の部分はさほど論議を呼ぶこともなく、スムーズにその成立をみた。ここでは、従来から憲法上の論点とされていた問題について、国会法上、どのような決着がはかられたのか、また、新たにいかなる問題点が提示されているか等について、若干のコメントを付しておくことにする。

憲法改正の「発議」と改正原案の「発議」

ここで、「憲法改正の発議」とは、憲法改正の決定権(承認権といっても同じである)を有する主権者たる国民に対して、国会が憲法改正案を提示する行為である。しかし、国民に「憲法改正」を「発議」するに先だって、国会は「憲法改正の発議」に向け「原案」(または「憲法改正原案」)を審査し、その内容を確定しなければならない。国会法は、衆参「憲法審査会」に、この原案審査権を付与する(第一〇二条の六)。そして、審査の前提として、国会議員が衆参各院において原案を「発議」する。そして、この発議には、衆議院で議員一〇〇人以上、参議院で議員五〇人以上の賛成を要するものとされる(第六八条の二)。

これは、国会に国民に対する発議権が与えられている以上、国会を構成する各議員は、当然自らその原案を所属議院に発議する権利を有するとの理解に基づくものである。ただ、議員による原案の発議の場合、その重要性から慎重を期し、通常の重要法案における賛成者の員数要件(予算を伴う法案につき、衆議院で五〇人以上、参議院で二〇人以上)を上記のように加重しているのである。

なお、各院の憲法審査会は、原案審査を所管する職権上、自ら原案を提出することができるものとされている(第一〇二条の七)。

内閣による改正原案提出権の有無

問題は、国会の外から、すなわち、内閣や国民からの憲法改正原案の「提出」が、憲法上、認められるかどうかである。まず、内閣の提出権の有無について見ておこう。内閣にも提出権が認められるとする説が有力である。その理由は、内閣総理大臣の「議案」提出権(憲法第七二条)または内閣の「国務を総理する」権能(憲法第七三条第一号)には、法案のみならず、原案の提出も含まれる、もしくは議会と内閣が協働関係にある議院内閣制のもとでは議会多数派が構成する内閣による原案提出権は認められて然るべきだとするものである(宮沢〔芦部補訂〕二九二、小嶋一二二、清宮三八八等)。他方、原案の提出権は国会にのみ属すると解するのが、憲法の精神に合致するとの説も、少数説ながら説かれている。その理由は、憲法改正は国民の憲法制定権の作用であること、憲法改正案の発議権は国民代表の国会に帰属することから、当該手続の一部である原案「発議権」は国会議員に専属するというものである(芦部七一、小林五五二等)。それぞれに、説得力のある論拠が示されているが、ただ、実際問題として、かりに内閣の方で原案を準備したとしても、議員たる国務大臣や内閣を支える与党議員を介して国会に原案を発議することが可能である。したがって、内閣の提出権の有無を議論する実益は乏しい。

これについて、与党案・民主党案ともに、憲法改正原案発議の主体を国会議員に限定する。かかる限定が、内閣に提出権なしとする少数説に従うものか、それとも、有力説に従って、内閣にも提出権はあるが、差し当たり国会議員に限定したのか、必ずしも明確ではない。しかし、そのいずれにせよ、国会法は、議員が原案を所属議院に発議する際の手続のみ定めている（第六八条の二）。したがって、内閣の対応いかんによっては、将来、憲法上、内閣に原案提出権があるか否かが未決着の問題として浮上することもあろう。

国民による改正原案「提出権」の有無

では、国民からの原案の「提出権」は、憲法上、なんらかの根拠を有するか。国民の原案提出権は認められないとする否定説の論拠は、憲法第九六条のもとでは、国会が憲法改正の発議権を独占し、国会の発議した改正案について国民が賛否いずれかの意思を表明することで最終決定する（「承認」）としているのであるから、憲法上、内閣にも原案提出権があるか否かはともかくとして、承認権を有する国民が提出権まで保持するということはあり得ないとするものであろう。これに対して、国民にも提出権が認められるとする肯定説の論拠は、発議権を保持する国会がその論理的前提として議員が原案の発議権を当然に保有するものであるならば、憲法改正についてラストワードを保持する「国民」を構成する個々の国民が一定の要件のもとで国会に原案を提出する権限を保有するのは理の当然であるとするものであろう。

これに関して、与党案・民主党案ともに、憲法審査会において採択された請願については、その内容を憲法審査会の憲法改正原案として提出することが想定されていると解される。この理解は、肯定説の趣旨を踏まえたものであろう。しかも、そこでは、憲法第一六条の請願権を直接の根拠に、国民の請願によって各議院で受理・採択された原案が、そのまま憲法審査会長提出とされる場合も考えられる。〇七年法による改正後の国会法には、これについて明確な規定が設けられていない。しかし、法制上、こうした国民請願による実質的な原案提出の途は開かれているものといえる。問題は、国民がこれをどう活用するかであろう。

改正原案の事項区分、個別発議

憲法改正原案は、内容において関連する事項ごとに区分して個別に発議するものとされている(国会法第六八条の三)。これは、議員が所属の院に原案を発議する場合、たとえば、国防軍創設のための憲法第九条改正と「個人」を「人」に、「公共の福祉」を「公益及び公の秩序」に修正する憲法第一三条改正とは常識的に考えて「内容において関連する事項」ではないので、「抱き合わせ」一本の原案として発議することは許されず、それぞれ原案として「区分して個別に発議」しなければならないとするものである。

また、たとえば、憲法第九条第一項はそのまま維持したうえで、同条第二項を改正して「我が国の平和と独立並びに国及び国民の安全を確保するため」の国防軍を設置し、別途同条第三項で「国防軍は、第二項の規定による任務を遂行するための活動のほか」、国際平和維持活動に従事することができるとする規定が置かれる場合、第二項と第三項とは内容において「関連する」のか、「関連しない」のか、判断は分かれるであろう。国防軍は第二項の任務を遂行するために設置されるが、国際平和維持活動への参加は、このような国防任務とは切り離して成立しうるからである。この点、関連性の有無については、もとより憲法改正案を国民に発議する国会の判断で決まってくるのかもしれないが、しかし、改正案の内容に即して考えた場合には、必ずしも国会の意図したような関連性が認められず、投票に際して、正確で明確な意思表明が難しい事態も生じうるであろう。

要するに、個別発議は、原案が衆参憲法審査会の審査を経て、国会から改正案として発議、国民投票に付される際、国民にとってその賛否を判断すべき対象が一見して明白な内容のものでなくてはならず、国政選挙の選挙公約に見られるような国民を当惑させるものであってはならない、とする要請に由来するものである。ただ、何が「内容において関連する事項」であるかは、憲法改正案の発議権を有する国会が自ら判断する。それゆえ、たとえば、衆参ともに三分の二の議席を優に超える政権与党が、自党の全面改正案は「すべて相互に密接不可分であり、内容上分かちがたい」と強弁し、数の力にまかせて衆参でこれを議決してしまえば、その内容が現憲法を一蹴してしまうようなもの(「新憲法案」の類)であったとしても、関連事項の「個別」発議の要件には反しないということになろう（もっとも、憲法改正の「限界」を超えた「憲法の除去」（Verfassungsbeseitigung）として問題となりうるが〔シュミット九九〕）。

この「勝てば官軍」の論法に対して、現憲法は、改正された部分が「この憲法と一体を成すもの」（第九六条第二項）としていることから、憲法の一部改正のみを予定しており、全面的な改正は想定していないと、負け犬さながらに遠吠えするほかないのか。原案が「区分」できないとの強弁が原案発議者によってなされたとき、国民はどう対応すべきか、主権者として心しておくべきであろう。

合同審査会の勧告権

「各議院の憲法審査会は、憲法改正原案に関し、他の議院の憲法審査会と協議して合同審査会を開くことができる」（国会法第一〇二条の八第一項）として、衆参憲法審査会の合同審査会の開催が認められている。また、「合同審査会は、憲法改正原案に関し、各議院の憲法審査会に勧告することができる」（同条第二項）とし、合同審査会に対して各議院の憲法審査会への原案に関する独自の勧告権能が付与されている。

この合同審査会には、「不断の憲法調査やそれに基づいた憲法改正の要否やその大まかな改正イメージや論点抽出といった、いわゆる「調査」段階で「の」活用が期待されている（橘他（1）一七）。いわば事前の調査段階における衆参憲法審査会の意思疎通のための機関という位置づけである。たしかに、このように理解しなければ、衆参の憲法審査会において、憲法改正原案が先議・後議の時間差のなかで審査されている最中に合同審査会を開催し、その場で「原案に関し」なされた、なんらかの合意事項が各憲法審査会に「勧告」されるとなると、衆参各院の自主性を前提に議院間で結論を異にする場合、両院間で妥協に向け協議する両院協議会（憲法第五九条第三項等、国会法第八六条の二）の存在理由がなくなってしまうおそれがある。その意味で、適切な権限分配と言える。

ただ、危惧されるのは、事前の調査段階にとどまらず、原案審査の段階で合同審査会が設置されるような場合である。すなわち、従来の実績から見て、両院協議会で成案が調い、両院で可決成立する見込みがきわめて乏しいことを見越し、審査段階において最終の出口を見据えた調整機関として、この合同審査会の活用が考えられる場合である。こうした制度の活用は、そもそも、一定の時間差を設け、異なる視点から二度の審査、審議を尽くすという憲法の両院制の趣旨からして、大いに問題があるということになろう（この点は、合同審査会規程で前者の調査段階に設置を限定することもできるので、本文の危惧はそうした限定がない場合である）。

なお、この合同審査会に付与された勧告権についても、その意味を明らかにしておく必要があろう。なぜなら、各議院の常任委員会が他の議院の常任委員会と協議して開く合同審査会の場合、常任委員会合同審査会規程第二〇条によれば、合同審査会を終わったときは、各議院の常任委員長または理事から審査の経過および結果を委員会に口頭もしくは文書で報告しなければならないものとし、委員会への報告を義務づけているが、そこでは勧告をすることができるといった権限まで付与されていないからである。

両議院に対して勧告権が付与されていた機関としては、一九五五年の国会法改正により姿を消した両院法規委員会がある。この委員会は、しかしながら、衆参各議院の委員会の協議により開かれる合同委員会ではなく、国会法により両議院の常設機関として設置された独立の勧告機関である。

衆参憲法審査会の合同審査会は、アドホックに組織される点で、かつての両院法規委員会とは異なるものである。しかし、それは、独自の勧告権を有する点で、両院法規委員会に類似するものでもある。議院に対して独自の勧告を行うことができるこの強力な合同審査会を、憲法の両院制から導かれる独立活動の原則のもとで、また、現行の国会法制の中でどう位置づけ、整理し、機能させるか、議論は尽くされていないように思う。

原案の議決(「総議員」の意義)

国会が憲法改正案を発議するには、衆参各議院の本会議において原案について、一般の議事(出席議員の過半数(憲法第五六条第二項))とは異なり、「総議員の三分の二以上の賛成」(憲法第九六条第一項)が必要である。その際、賛否算定の基準となる「総議員」の意味が問題となる。これについては、通常、法定の議員数と解する説(甲説)と、議員定員から欠員を差し引いた現に在職する議員の総数と解する説(乙説)とがある。

甲説は、乙説のように解すると、(ア)議決の基準数が常に変動することとなり、一定の時点においてその確定数をとらえるのが困難である場合が少なくないこと、(イ)少数派議員の除名によって可決を図ろうとする可能性が生じうること、(ウ)採決の要件を加重し、憲法改正という重大な議事につき慎重さを求める憲法第九六条の趣旨に反することなどを、その根拠とする。これに対して、乙説は、甲説のように解すると、死亡や辞職による欠員を「総議員」のうちに含めることとなり、議員として現に活動することができない者を「総議員」に算入する結果となり、不合理であることを、その根拠とする。それぞれ理屈は通っているが、衆議院、参議院ともに、一般の議事議決の「総議員」(憲法第五六条第一項)について、先例は、議決時の基準数が安定している「法定議員数」とする。常識的な選択と言えよう。このように考えると、憲法第九六条の「総議員」についても、この先例と別異に取り扱う根拠は乏しいであろう。もっとも、本会議で原案審議を行う際の定足数は、一般の議事の場合と同様、「総議員の三分の一以上の出席」(憲法第五六条第一項)で足りる。ただ、原案議決には「総議員の三分の二以上の賛成」

（憲法第九六条第一項）を要するので、実際には、各院ともに全議員の出席が求められているものと言えよう。

なお、議院での議決に先立つ憲法審査会における議事の場合については、衆参各院の憲法審査会規程で、議事を開き、議決する際の定足数を「委員の半数以上」（各規程第一〇条）とし、議事は「出席委員の過半数でこれを決し、可否同数のときは、会長の決するところによる」（同第一一条）としている。

憲法と「密接に関連する基本法制」の「広範かつ総合的」調査

憲法審査会には、憲法改正原案や憲法改正発議・国民投票に関する法案等の「審査」以外に、現行憲法に「密接に関連する基本法制について広範かつ総合的に調査を行〔う〕」権限が付与されている（国会法第一〇二条の六）。ここで「基本法制」とは、憲法の諸規定を実際に運用するうえで必要な法律、たとえば、公選法・国会法・内閣法・裁判所法・財政法・地方自治法・自衛隊法・皇室典範などがそれである。それら法律について「広範かつ総合的に調査を行う」とは、これらの法律が「密接に関連する」憲法規定を現実化ないし具体化するうえで適切かどうか、あるいは、それらが憲法の定めに照らして疑義のないように立法化されているかどうか、また、憲法上疑義があるとすれば、その疑義をどのように解消すればよいのか、すなわち、法律上疑義のある箇所を憲法に適合するよう削除ないし修正するか、もしくは、逆に憲法を改正することでそうした疑義を取り除くことが望ましいとするかなど、あらゆる視点から包括的に精査を実施することである。要するに、憲法審査会は、憲法改正原案を審査する場としてだけでなく、上述の基本法制の「憲法適合性」を総合調査する場として機能させることが求められているのである。

このことは、国会法第一〇二条の六（追加修正）が議題となった、二〇〇七年四月一八日の参議院特別委員会における、次の問答からも明らかである。

船田元（衆議院・自民党）　憲法審査会の役割・権能ですが、一つは、憲法及び憲法に密接に関連する基本法制について広範かつ総合的に調査を行う。もう一つは憲法改正原案、憲法に係る改正の発議又は国民投票に関する法律案を審査する権限をもつと、大まかに言って、この二つの役割、権能になっている。

近藤正道（参議院・社民党）　憲法に密接にかかわる法制の中には、安倍首相の下で行われている集団的自衛権の行使の見直しについても、ここで行うことがあるのか。

船田　これはやはり憲法と密接に関連していると思う。九条の規定とも当然これは関係するので、その点においての議論をすること、また調査をすることは当然あると思う。

近藤　私はその辺のところは大変懸念をもつ。この憲法審査会が国会におけるその舞台になるんではないか。ここでもって集中的にその議論を皆さんとしては想定しているのか。

赤松正雄（衆議院・公明党）　関連性の中でいうと、私は当然そういうふうになると思う。

ところが、である。二〇一五年六月四日、「憲法保障をめぐる諸問題（「立憲主義、改正の限界及び制定経緯」並びに「違憲立法審査の在り方」）」をテーマとして開会された衆院憲法審査会において、三人の参考人（憲法学者）が、当時、衆議院平和安全特別委員会で審議中の平和安保法制案に盛り込まれた集団的自衛権の行使を容認する規定について、当日のテーマとは別に、野党委員からの質問に応じる形で「違憲」と断じたときの対応は、上記〇七年四月の参議院特別委員会での法案提出者答弁とは正反対である。その一週間後（六月一一日）、同審査会は、同じテーマで各会派の代表が合・違憲の発言を行ったが、その後、特別委員会での審議に支障が生ずるとする政府・与党の判断で、会期中、衆議院では一度も憲法審査会においてこの問題に関する調査が行われることはなかった。

そもそも衆参に設置された憲法審査会は、こうした憲法上疑義のある基本法制に関する法案が国会に提出されて来た場合、本来、その設置の趣旨・目的からして、そうした法案の合憲性の「調査」を託されているのではないか。憲法審査会が特別委員会での法案審査に余計な口出しをしたということにはならないのではないか。むしろ、特別委員会の方がその審査を一旦中断し、憲法審査会の場で会派を超えて、専ら「憲法」の視点から、その法案の「調査」を徹底すべきではなかったのか。とりわけ内閣法制局が「法の番人」としての権威を失墜してしまった現在、憲法審査会が、法案の違憲審査を担う北欧議会の憲法委員会のような憲法保障機能を発揮すべきではないか。

そのことは、現天皇の退位に道を開く、皇室典範絡みの特別法案が、たとえば内閣委員会に付託され、審査が開始された場合についても当てはまる。審査の過程で「憲法と天皇」「象徴天皇制のあり方」「公的行為の憲法上の根拠」といった論点が浮上した場合、憲法審査会において退位と関連づけて徹底「調査」し、憲法上一定の方向性ないし結論を出すべきであろう。

4　改正の効力は

国民の「承認」の効力発生時期と国民投票無効訴訟

国民の「承認」の効力が発生する時期について、与党修正案は「国民投票において、憲法改正に対する賛成の投票の数が投票総数（憲法改正案に対する賛成の投票の数及び反対の投票の数を合計した数をいう。）の二分の一を超えた場合は、当該憲法改正について国民の承認があったものとすること」としていた。他方、民主党修正案もまた、「国民投票において、憲法改正案に対する賛成の投票の数が投票総数の二分の一を超えた場合は、当該憲法改正について国民の承認があったものとすること」とした。いずれの修正案も、国民の「承認」の効力が発生するのは、中央選挙管理会（中央選管）が「投票総数の二分の一を超えた場合」、その旨を「官報で告示」した時点ということになる。

ただ、両案では、国民投票に関し異議のある投票人は、中央選管を被告として、国民投票の結果の告示の日から三〇日以内に、東京高等裁判所に訴訟を提起することができるとされている。しかし、そこでは、訴訟の提起があっても、憲法改正の効力発生に直接の影響はないものとされている。この制度設計について、提起された国民投票無効訴訟の結果いかんによっては、投票の結果成立したはずの憲法改正が結局のところ不成立に終わる可能性があり、そうした可能性を認めながら、訴訟の提起が憲法改正の効力の発生を妨げないとすることは合理性を欠くとの批判もあり得る。また、投票無効訴訟が提起された場合、当該訴訟の確定をまって国民投票の効力を発生させるべきだとの論もあり得るところである。これに対しては、濫訴や訴訟遅延によって、改正が不確定な状態に置かれることは問題だとの反論がなされ得るであろう。そこで、両案および両案の併合修正案をもとに成立した〇七年法は、いずれも憲法改正の効果が発生した後、事後的に無効とされる場合、法秩序にきわめて重大な混乱が生じ得ることに配慮し、次のような一定の要件に該当する場合に限って、裁判所の決定で緊急避難的に必要最小限度の範囲で国民投票の効力の発生を停止する制度を設けることで、対立する見解の調整を図っている。

すなわち、国民投票法は、国民投票の結果、憲法改正案に対する賛成の投票の数が有効投票総数の二分の一を超えた場合、国民の「承認」（憲法第九六条第一項）があったものとし、首相は、「直ちに当該憲法改正の公布のための手続を執らなければならない」とする（第一二六条第二項）。そして、国民投票無効の訴訟提起があっても、憲法改正にかかる国民投票の効力は停止しないものとする一方で、「憲法改正が無効とされることにより生ずる重大な支障を避けるため緊急の必要があるときは、裁判所は、申立てにより、決定をもって、憲法改正の効果の発生の全部又は一部の停止をするものとする」とし、効力発生停止の制度により万が一の事態に対処する措置を講じている（第一三三条第一項本文。なお、上述九七頁以下参照）。

第五章　憲法改正にどう向き合うか――安倍首相の憲法観と立憲主義

1　権力分立原理が欠落すると

安倍首相にとって、「憲法改正」とは何か

安倍晋三首相が選挙遊説で一言も「憲法改正」に触れず迎えた昨夏の参議院議員選挙（二〇一六年七月一〇日投開票）の結果、いわゆる改憲勢力が、非改選組を含め三分の二議席に達した。すでに政権与党は衆議院で三分の二以上の議席を占めており、これで衆参ともに、憲法第九六条の定める憲法改正発議に必要な環境が整った。開票当夜のテレビ番組で、安倍首相は、「今後、憲法審査会で議論しながら、国民的な理解が高まるなかで、「どういう条文（を改正すべき）か」に収斂していくことが期待される」と語る。しかし翌日の記者会見では「わが党の案（一二年改憲案）をベースにしながら、いかに三分の二を構築していくかが、まさに政治技術と言っていい」との本音を

吐く。そして、自民党一党優位（いわゆる「一強多弱」）のもと、昨秋の臨時国会で久しぶりに動き出した衆参憲法審査会は、今春から憲法改正に向けた活動を本格化させる。

改憲への意欲

もとより安倍首相は、去年の年明け早々、NHKの討論番組で、（a）七月の参議院議員選挙では「自公だけではなく、改憲を考えている責任感の強い人たちと、三分の二を構成していきたい」と、憲法改正発議に必要な参議院議席の確保を目指す考えを表明、次いで、衆参の予算委員会において、（b）国民投票法と連動する公選法の選挙年齢一八歳引き下げにより（上述一三〇頁参照）、国民投票の「法的な基盤」が整い、憲法改正は「新しい段階」に入ると語り（二〇一六年二月四日衆議院）、さらに（c）「私の在任中に成し遂げたい」と（三月二日参議院）、一八年九月までの自民党総裁任期を念頭に自らの手で憲法改正を実現する執念をむき出しにしていた（総裁任期が一期延長なら二一年九月までとなる）。

したがって、参議院で改憲勢力が三分の二議席に達した現在では、「衆議院・参議院憲法審査会における議論を進め、各党との連携を図り、あわせて国民の合意形成に努め、憲法改正を目指（す）」とした昨夏の自民党・参院選公約で示された手順通りに、衆参両院を圧倒支配する数の力に任せて一気呵成に憲法改正を推し進めることも可能である。そこで障害となりうる懸念材料があるとすれば、それは、何が何でも「憲法改正」との一念から「国民の合意形成」を欠き、国民投票で安倍不信任を意味する改正「反対」が「賛成」を上回ることに対する懸念だけであろう。ただ、このような「懸念」を払拭しうる恰好の改正項目さえ見つかれば、苦もなく積年の悲願を達成することができよう。

とはいえ、いまもし安倍首相が政権の座に居なければ、こうした動きになっているとは思われない。つまり安倍晋三というアクターを抜きにして、これから生起するであろう「憲法改正」の事態は想定し難いのである。それゆえ、最後に、このアクターの「立憲主義」「憲法」観を手がかりに、その「憲法改正」理解を明らかにしておくことにする。

「立憲主義」「憲法」の定義

まずは定義からみておこう。安倍首相曰く、立憲主義とは「主権者たる国民が、その意思に基づき、憲法において国家権力の行使のあり方について定め、これにより国民の基本的人権を保障するという近代憲法の基本となる考え方」（二〇一四年二月二〇日衆議院予算委員会）である。この定義は、国民による憲法の定立、すなわち憲法制定権力（制憲権）という最高権力発動のイロハをなぞったものである。それゆえ「憲法」とは、この国民の制憲権発動の所産、すなわち「主権者たる国民の意思に基づいて、国家権力の行使のあり方について定め、これにより国民の基本的人権を保障する」（二〇一五年三月六日衆議院予算委員会）ものだということになる。そして、その要諦は、主権者たる国民が「憲法」という「国の最高法規」(二〇一五年七月一五日衆議院平和安全特別委員会)を定めることによって「権力を縛(り)」、「憲法にのっとって政治を行っていく」ことにある(二〇一四年二月一〇日衆議院予算委員会)とされる。

上述の定義を前提に、首相は「今まで、私は一度も立憲主義を否定したことはもちろんないわけでありまして」、国民の制定した憲法を遵守するという責任の中で、政治・行政を行っており、この憲法遵守の安倍政治に対して、「立憲主義違反」との批判は当たらないと弁じている(二〇一四年二月二〇日衆議院予算委員会)。

権力分立原理の欠如

首相の「立憲主義」は、整理すると、「主権者」たる「国民」が制憲権を行使し、「国の最高法規」として立てた「憲法」にのっとり、「責任」をもって「国民」に対し政治・行政を行うことだとするものである。この整理に誤りがないとすれば、その「立憲主義」とは国民の制憲権行使として描かれる一般図式以外の何ものでもない。とすると、その所産たる「近代憲法」もまた、通常、「権利の保障が確保されず、権力の分立が定められていない社会は、すべて憲法をもつものではない」(一七八九年フランス人権宣言第一六条)とされる、「権力分立」原理に基づき国家権力を分割、相互の抑制均衡によって権力の濫用を防ぎ、国民の権利・自由を守るべく仕組まれた憲法であるはずである。ところが、首相の定義からは、人権保障と並ぶ立憲主義憲法のもう一つの支柱である「権力分立制」がすっぽり抜け落ちている。憲法で定める「国家権力の行使のあり方」を遵守する以前の問題として、「すべて権力を有する者がそれを濫用しがちなことは永久不変の経験であ〔り〕」（モンテスキュー一六七）、その経験に従うなら、「野望には、野望で対抗させる」（マディソン二六四）べく、権力分立と権力相互の抑制均衡《チェック&バランス》が憲法に仕組まれなければならないはずである。この権力の仕組み、こう仕組む権力分立原理を抜きにして、一体どこが立憲主義か。これが最初の疑問である。

「権力を縛る」との立憲主義理解は時代遅れか

これに対し、首相からは、単なる言いがかりに過ぎぬとの反論が予測される。首相の見地からすれば、現憲法に通底する「近代憲法の基本となる考え方」を提示しているのであるから、権力分立への言及の有無にかかわらず、フランス人権宣言第一六条を踏まえた定義であることは当然だということになろう。この反論は認めよう。それを認めたうえで、しかしながら、次に、憲法とは「国家権力を縛るものだ」との立憲主義の理解は、「かつて王権が絶対権力を持っていた時代の主流的な考え方」（二〇一四年二月三日衆議院予算委員会）であり、「自由と民主主義、そして基本的人権が定着してきた今日」（二〇一六年二月二〇日衆議院予算委員会）にあって最早「それは古いもの〔だ〕」（二〇一六年二月一〇日衆議院予算委員会）と摘示することに対する疑問である。

憲法によって「王権を縛る」(二〇一六年二月二〇日衆議院予算委員会)という立憲君主制の憲法は、一九世紀初頭の「君主制原理」、すなわち主権者たる君主が憲法を制定し、その自ら制定した憲法に服して統治を行うとするものであり、首相が定義として示した「国民」の制憲権に由来するものではない。後者の発想は、一八世紀の絶対王制(アメリカ植民地では母国の絶対議会制)に対抗する人々のなかから生まれてきたものである。その彼らが策定した憲法において、権力抑止のメカニズムが周到に組み込まれたのは、言うまでもなく天使ならぬ「人間が人間の上に立って統治を行う」以上、このような政府が「人民(の制定した憲法)に依拠している」というだけでは制御にならぬ(マディソン同上)とする権力とその保持者に対する徹底した猜疑からである。人々の「自由」を守るために、このメカニズムを組み込んだ憲法が決して時代遅れでないことは、「選挙に基づく絶対主義」(electorally based absolutism)が現在でも立憲民主制を名乗る諸国で生起していることからして明らかである(アラトー一六五)。

権力分立原理抜きの「憲法」だと

人権保障の原理には服するものの、権力分立原理は度外視して、主権者たる国民が「唯一・絶対・最高の権力」である制憲権を行使し「憲法」を制定、その憲法に従って為政者が政治を行うのが「立憲主義」だとする首相の理解からすると、次のような内容の「憲法」もまたかく言うところの「立憲主義」に適合するものとなるはずである。すなわち、「立法府の長」(二〇一六年五月一六日衆議院予算委員会)たる首相に単独立法権を与え、その首相が「国民の命と幸せな暮らしを守るため」(二〇一五年七月二七日参議院本会議)に制定した「立法と抵触する憲法規定はその効力を失う」(一九三三年三月二四日ナチス授権法)といった類の憲法である。首相がこれを遵守し、その内容を誠実に執行することは、まさに「憲法」にのっとり主権者たる国民に対し責任をもって政治を行う「立憲主義」を首相自ら体現するものだ、ということになる。

このような「立憲主義」理解の下では、この種の立法措置が、「憲法改正権」(制度化された制憲権)の発動によって改正憲法に登場することも想定されうる(上述二一頁以下参照)。

そして、そうした「立憲主義」観の持ち主に対して、「立憲主義とは、権力者が憲法を守ることだ」と糾弾したところで、「憲法」を守るのは「当たり前」で「そのとおりにやっている」(二〇一四年二月一〇日衆議院予算委員会)と応じられるのが落ちであろう。

「非立憲」とは「権力の濫用」

そもそも裁判所等の権力抑制機関《チェック》にとって、(i)憲法で権力的介入の絶対禁止または介入条件を明示する国民の「権利・自由」に対する侵害、(ii)憲法上何ら権限を保持しない機関による権力の行使、(iii)当該機関に授権された範囲を明白に踰越《ゆえつ》する権力行使など、明らかに憲法の規定に反するものについて、これを「違憲」と断定するにさほどの困難はない。しかし、通常、「権力の濫用」と言われるものは、それとは異なり、主に統治システムの領域において、憲法上許容された権力行使のように見えるが、その実「権力分立」の基本原則に悖《もと》る権力運用と解されるケースである。「非立憲」（佐々木八九）と称される、裁判所によって「違憲」とは断定されないものの、「権力分立」原則に違背する国家権力の行使がそれである。

権力分立制の運用に際して留意すべきは、「権力者は制限に出会う極限まで突き進む」（モンテスキュー同上）との言明である。それは、憲法上の権力の受託者がその権力を目一杯行使するとき、統治システム全体の均衡は崩れ、国民の権利・自由に深刻な影響が生じうるがゆえに、受託者はかかる権力行使に際して自ずと謙抑的でなければならないとするものである。この本来抑制的であるべき権力を「目一杯行使」することで生起する事態が、「非立憲」と称される「権力濫用」の実相である。

三つの憲法改正理由

安倍首相が国会の場で「憲法改正」に関する発言をはじめて行ったのは、管見によれば、二〇〇〇年五月一一日の衆議院憲法調査会においてである。その後、同年七月第二次森（喜朗）内閣の官房副長官となり、〇一年四月第一次小泉（純一郎）内閣で再任、同内閣のもとで〇三年九月には自民党幹事長に抜擢、〇五年一〇月第三次小泉改造内閣で官房長官として入閣したこともあり、〇六年九月自民党総裁選を制し首相となるまでの六年余の間、国会議事録上、「憲法改正」に触れた安倍発言は二件に留まる。幹事長時代の小泉首相に対する質疑（二〇〇三年一一月二五日衆議院予算委員会）と内閣官房長官時代の答弁（二〇〇六年五月二六日衆議院教育基本法特別委員会）においてである。そこでは、憲法改正を必要とする理由が三点小出しにされている。それでは食い足りなかったのであろう、各理由が二〇〇四年二月刊の『論座』誌上で、次のごとく詳述されている。

第一に、「現行憲法の制定過程に問題があった」こと。すなわち、占領下「GHQの中のニューディーラー」が「国の基本法」を「数日間で起草した」ことの「歴史的事実」に「こだわるべきだ」ということである。この点は、だからこそ「やはり真の独立を取り戻す上においては、私たち自身でしっかりと自分たちの基本的な枠組みを作り直していく必要がある」（二〇一三年四月二三日参議院予算委員会）と、後に首相答弁として補足されることになる。

第二に、「制定から半世紀以上経過」して「時代にそぐわない条文」や「〔この間〕新しい価値観が生まれている中で見直していかなければいけない条文」が出てきたこと。前者の「時代にそぐわない」条文として第九条が挙げられているが、後者の見直し条文については言及されていない。後の国会答弁で「環境権」「プライバシー権」「個人情報の保護」「障害者に対する姿勢」（二〇一三年五月八日参議院予算委員会等）などが摘示される。しかし、この程度の「価値」について、わざわざ「〔憲法を〕改正しなければ」対応できないとまで言えるかどうか、問題であろう。

第三に、以上の点を承け、「新しい世紀を迎えて「われわれの手で新しい憲法をつくっていこう」という精神こそが、新しい時代を切り開いていく」こと。すなわち、現憲法の「ここがどうこう」といった「字句修正」ではなく、「白地から書くということが、むしろふさわしい」とし、このような精神による憲法の全面改正が、いま求められているのだとする。この関連で、首相は、先に「国家権力を縛る」とした「憲法」について、昨年の通常国会でも、「憲法は国民の未来、理想の姿を語るもの」であることを強調し、そのうえで「二一世紀の日本の理想の姿を私たち自身の手で描いていくというこの精神こそ日本の未来を切り開いていくことにつながっていく、こう信じております」（二〇一六年三月一四日参議院予算委員会等）と熱っぽく語っていることに留意しておく。

2 危険きわまりない改憲論者

現憲法の一新が狙い

注目したいのは、憲法制定から「半世紀以上」（二〇一七年五月で施行七〇年）が経過し「時代にそぐわない条文」もあるとしていることである。そこで改正の対象として首相の念頭に置かれている「条文」は恐らく憲法第九条のみであり、環境権・プライバシー権等は既存の条項に——仮に必要だとしても——追加補正すれば済む問題であり、時間が経過するなかで、ある条文が「時代にそぐわなくなった」のでその削除修正等が必要だとするものではない。とすると、このように語る首相の真意は、個々の条文にあるというよりも、むしろ制定当初から、わが国の「現状」（二〇〇六年五月二六日衆議院教育基本法特別委員会）に「そぐわない」憲法それ自体の一新にあると解すべきである。そのことは、そもそも制定過程からして現憲法には「問題」があるとし（上述第二）、さらに、憲法とは今や「国民の未来、理想の姿を語るもの」でなくてはならぬ（同第三）としていることからも明らかである。

首相の「理想」憲法は「糸の切れた凧」

憲法改正に関する首相の言説を上のように整理することが許されるならば、そこからは、「理想」と「現状」の対置によって編み出される次のような首相の「憲法」観を読み取ることができる。すなわち、一国の「憲法」はその国の「現状」に即したものでなくてはならず、その現状に「そぐわない」憲法は「たんなる紙切れ」に過ぎない。したがって、このような憲法は反故にし、新たに「現状」

に即した「理想の姿を語る」憲法を作成すべきだとする「憲法」理解である（ラサール三八）。この首相の語る「二一世紀の理想の姿」が、単なる政治的宣言ではなく、「現状」に支えられた実定憲法であるとすれば、「現状」とそれを嚮導する「理想」とはいわば「不即不離」の絶えざる緊張関係にあるものと解さざるを得ない。もしそうではなくて、両者を峻別・対置し、占領期から連綿と続くわが国の「現状」を否認し、自らの「理想」を「美しい国」として真《ま》っ新《さら》の白紙上に書き下ろそうとしたものだとすれば、それは「糸の切れた凧か風船」（ウォルドン二九五）のようなものと解するほかないであろう。

理想憲法を書く「精神」こそ独立心の発露

ところが、首相は、いまこそ、その白紙に私たち自身の手で新しい世紀における国民の未来、理想の姿を書いていくことが求められているのだとする。その際、とりわけ首相が強調するのは、それを書こうとする「精神」であり、この精神こそが「日本は独立したんだという精神を取り戻（し）」（二〇一三年二月一八日参議院予算委員会）、「戦後体制の鎖を断ち切（り）……我々の伝統と文化の上にみずみずしい新しい日本をつくることができる」（二〇一二年一〇月三一日衆議院本会議）とするのである。

この「精神」に関して、次の三点につき留意しておきたい。

まず第一に、首相が白紙に理想の憲法を描こうとする「精神」を特段に強調する点である。それは、占領下少数のニューディーラーの手で書かれた現憲法を「私たちが最高法として抱いているということが、日本人にとって、心理に大きな、精神に悪い影響を及ぼしている」(二〇〇〇年五月一一日衆議院憲法調査会)と見るからである。

「悪い影響」の払拭

では、言うところの「悪い影響」とは何か。「悪い影響というふうに申し上げましたのは、……自分たちの手で憲法を作ることができると、こういう精神を取り戻す必要があると、こう申し上げたわけでございます。新しい時代を切り開いていくためには、その精神を切り開いていく、つまり不磨の大典として指一本触れることができないというこの精神を変えていく必要があるだろうと、こう述べているところでございます」(二〇一五年八月四日参議院平和安全特別委員会)と。要するに占領軍の作った憲法を「不磨の大典」としていわば神棚にまつりあげ、後生大事に護持しようとする奴隷根性を打ちのめし、「私たちの手で私たち自身の憲法を書く」という精神を覚醒させることが、いま憲法改正を語るすべての前提だというのである。

これは、いわゆる「押し付け憲法」論の安倍バージョンと言えよう。したがって、このバージョンに対しては、ポツダム宣言受諾・占領の法的(国際・国内)意味や憲法制定過程の実相が理解されていないとの、「押し付け」論に対して従来から行われてきた批判・反論で十分であり、差し当たりそれに新たに付け加えるべき点は何もなかろう(野中他六五)。

首相の二枚舌

第二に、首相の強調する「精神」は、祖父の岸信介(一八九六～一九八七)元首相が生前説いた「日本精神」と軌を一にする点である。巣鴨プリズンから出所(一九四八年一二月)した岸は、追放解除の内定(五二年四月)を機に、「日本再建連盟」(事実上の岸新党)を組織し、五大政策を公表する。その一つに「国民の総意に基づき、憲法を改正し、独立国家としての体制を整備する」との政策が掲げられていた。その後自由党に入党、保守合同を経て自民党第三代総裁となった岸は、首相在任中(五七～六〇年)、周知のように国論を二分する旧日米安保条約改定等の政策課題の「実現」で政治的資源を使い果たし、悲願の憲法改正を実現し得なかった。首相退任後、岸は改憲の火を消したくないとして自主憲法制定国民会議会長となり(六九年一二月)、晩年(八七年没)まで自主憲法の制定に意欲を示す。

その岸の発したのが「日本精神」である。第一三回自主憲法制定国民会議大会(八二年五月)における会長挨拶で開口一番曰く。本大会の開催に当たり「戦後から今日まで続いている国民の精神的混迷を断ち切って、我々の祖先によって培われ、受け継がれてきた美しい尊い日本精神を作興するために、所懐の一端を申し述べたいと存じます」(清原五四)と。安倍首相の「悪い影響」が占領期から持続する「国民の精神的混迷」、また、そこで強調された「精神」が先祖伝来の「美しい尊い日本精神」として、祖父の口から語られている。

岸によれば、敗戦後のGHQ主導による憲法制定は「日本の歴史や伝統を無視し、あらゆる権威を失墜させる〔こと〕」を狙ったものであった。そして、「世界第二の経済大国」となった当時の日本にあっても、「残念ながら精神面においては、占領軍が意図した日本弱体化の目的が着々と達成され、あたかも長い歳月にわたって麻薬の中毒に冒された患者のような様相を呈している」（清原五六）。これが、岸のいう「精神的混迷」であり、安倍首相が「悪い影響」として語るものである。

他方で、その裏返しであるが、「憲法こそは、民族の歴史と、伝統と文化に基づくところの〝国民の心〟であり、国民の精神の中枢であ〔るべきだ〕」とし、「今こそ、我々は自らの手で、日本人の魂を打ちこんだ自主憲法を、一日も速やかに制定して、すべての国民に明るい希望を与え、新たな活力の源泉としなければならない」（清原五八）と説く。これが、岸のいう「日本精神」であり、安倍首相の語る「精神」の内実である。

岸の「日本精神」は、「日本の伝統的精神を政治、社会、経済などあらゆる側面の根本基調にすべきである」（藤原一〇六四）との思考図式に属する。それは、明治維新後の「欧化」に対する反発によって形成されたものであるが、しかし、その拠って立つ「伝統」の中身は論者によって種々異なる。それゆえ、その「精神」内容もまた多様である。ただ、戦前「革新官僚」として、近代主義の洗礼を受けた国家社会主義者であった岸と比べ、安倍首相の方は、伝統的な「家族主義」的共同体を基調とし、近代の「個人主義」を払拭した「美しい国家」を築こうとする「精神」の持ち主のようである。とはいえ、ともに、実際の憲法改正云々よりも、まず、このような「精神」を取り戻すことが肝要だというのである。

もとより、一国の憲法が、その国の国情を全く無視した内容のものであるならば、その憲法はノミナルな実効性のないものに止まらざるを得ない。しかし、それが名実ともに「憲法」であると評されるためには、普遍の立憲主義原理を基礎とするものでなければならないはずである。欧米の首脳の前で、わが国は西欧の立憲主義諸国と「自由と民主、基本的人権の尊重、平和主義、法の支配」等の原理を共有すると言明、他方、国民に向かっては、「個人主義」に立脚する立憲主義の諸原則をGHQ伝来の「悪しきもの」と貶め、わが国固有の文化・伝統、いわゆる「日本精神」に基づいて憲法を一新すべきだと説くのでは「二枚舌」だと評されても仕方あるまい。

憲法改正の自己目的化

第三の問題は、安倍首相の改憲「精神」論が改憲を自己目的とするものだという点にある。それは、憲法の運用上ある規定に何らかの不具合が生じ、しかも、当該規定の解釈運用では賄いきれないので、このような規定の修正・削除・追加等によって「憲法に意識的に変改を加える」(清宮一二三)という意味での憲法改正ではなく、そもそも現憲法に一指も触れない現状が「悪」、どこでもよい一指でも触れ、それを変えることそれ自体が「良きこと」であり「善」だとする憲法改正を自己目的化したものである。二〇〇〇年五月衆議院憲法調査会において首相曰く。「これ(占領下の憲法制定)はだれが考えたって、大きな強制の中でこの憲法の制定が行われたというのは本当に常識なんだろう、私はこういうふうに思っております。その中で、しかし、結果としてできた憲法がよければいいじゃないかという議論があることも事実であります。しかし、私は、占領中にできた、……やはりこれは私たち日本人の精神に大きな影響を、この五〇年間に結果として及ぼしているんではないか、このように思います。……ですから、そういう意味で、今度こそ根本的に私たちは私たちの手で新しい憲法をつくっていくということが、私は極めて重要なんだろうと思います」(二〇〇〇年五月一一日衆議院憲法調査会)と。

現憲法の峻拒
「心情」に基づく

要するに、憲法制定から半世紀を経過するなかで、憲法の明文を改正しなければ運用上も対応できないという深刻な事態が生じたので、そのために憲法改正権を発動して、当該規定を変改しなければならないというのではなく、そもそも憲法の出自がよくないので、丸ごとこれを刷新しなければ精神衛生上よろしくないというのである。この「心情」(Gesinnung)は、現行の憲法に対する「根っからの反対」(キルヒハイマー一二三七)としか評しようのないものである。

この点、さすがに祖父は我妻栄(民法学の大家。一八九七〜一九七三)と東京帝大法科で首席を競っただけのことはある。憲法改正について、曰く。「国民は常に日進月歩を求めております し、昔の百年が今の十年にもみたないと言われるほど、時代は刻々と進んでおります。それに対して、法律というものは作られた時点で静止しておるのですから、年月の経過と共に、時代と法との間にギャップが生ずるのは、必然的に避けられないことと申さねばなりません。そこで時代に合わせ、法を改正することが必要になってくるのであります。ことに憲法は国の基本法であり、……四十年間も改正しなかったのですから、時代に合わないところが沢山でてきております」とし、その現実とのギャップを憲法改正によって埋めてゆく必要があるのだとする(第一七回大会(一九八六年五月)挨拶・清原一一九)。要するに、四〇年に及ぶ憲法運用のなかで、変化した立法事実と法文との間に、もはや解釈では埋めることのできない深刻なギャップが多々生じているので法文の改正が必要だというのである。深刻な「ギャップ」の現状認識に問題はあるとしても、論理自体は真っ当であると言える。安倍首相の「理想」と「現状」の二項対立思考とは対照的に「規範」と「現実」との間の絶えざる緊張関係をどう克服すべきかという法的思考が、祖父の場合、晩年に至るまで失われていなかったと言えようか。

危険きわまりない改憲論者

政治家を判断する王道は、一にも、二にも記録を読むことだ、と言う。その顰《ひそ》みに倣い、国会会議録を渉猟し、安倍晋三という政治家の「立憲主義」「憲法」に関する言説から、その「憲法改正」理解に迫ってみた。このささやかな試みから浮かび上がってきたのは、いわゆる「心情倫理」の政治家像である。その首相にとっては、どの条項でもよい、ともかく改正に着手することが、「結果を神に託す」(ウェーバー七〇)絶対心情の証しとなる。このような「憲法改正」それ自体を「選ばれし者」のいわば「召命」とする為政者が、いまわが国を支配しているのである。改正内容、改正がもたらす「結果」をなんら顧慮しない危険きわまりない改憲論者である。

おわりに——国民投票で投ずる一票の重み

国民は、原則として、国民投票の当日、投票所において、「賛成」「反対」と印刷された投票用紙の記載欄に、憲法改正案に賛成するときは前者、反対するときは後者の文字を囲んで○の記号を自書し、投票箱に投じなければならない（国民投票法第五六条、第五七条）。その各人一票の集積により、憲法改正の賛否いずれかが決まるのである。

しかし、それに先立つ国民投票運動において、国民は自ら積極的に賛否の意思を表明し、他者に対して働きかけることができる。また、国会両院の憲法審査会における憲法論議、憲法改正原案の策定やその審査を注視し、原案に問題があると考えれば、その時点で批判はもとより、反対の意思を表明し、実際に行動を起こすこともありうるであろう。国会は憲法改正案を発議するだけで、憲法改正を是とするか非とするかを決めるのがまさに国民自らであることからして、国会が改正案を発議するまで、国民は両院憲法審査会の議論を静かに見守っておればよい、というものではない。どのような形で国民に賛否を問うか、その問いかけ方を左右するのが憲法審査会で審議される改正原案だからである。国民が一票を投ずる以前に、その問いかけの中身が結果の行方を大きく左右することに留意すべきである。

国民投票は、欧州連合(EU)からの離脱を問う英国の国民投票(二〇一六年六月二三日実施)に見られるように、一時の多数派がすべてを得る(winner-takes-all)決定方式である。日本国憲法は、この「勝てば官軍、負ければ賊軍」式の少数派を蹴散らす型の国民投票制は採らず、国会の憲法審査会において国民監視のなかで改正原案をまとめ、原案賛成派が衆参各々総議員の三分の二に達するまで慎重派や反対派と議論を重ね、その間、国民もまた原案に対して種々意見を表明、そうした世論の声を踏まえて国民に憲法改正案を発議し、国民投票にかける方式を採っている。つまり、わが憲法は、国会での慎重な審議、合意形成を前提に国民投票にかける方式であり、昨年実施された英国の国民投票のように、EU離脱の是非をめぐり与党(保守党)内で意見集約ができず、その判断を国民に丸投げする形の国民投票ではない。その意味で、憲法第九六条の国会発議と連動した国民投票の方式は、多数派の専制、「勝てば官軍」を防ぐ機能を有していると言える。とはいえ、その機能を生かすも殺すも、国民次第であることに変わりはない。

近い将来、私たちは本書で述べた憲法改正の国民投票を行う日を迎えることになろう。そのときの一票は、憲法改正案の内容にもよるが、国政選挙で一票を投じるときとは比較にならぬ重い一票となるはずである。そのときのために、主権者各位が現憲法についてさらに一層の理解を深めることに期待したい。

……………………………

本書執筆のきっかけは、第一次安倍内閣当時、国会で憲法改正国民投票法案が審議され始めたおり、岩波書店の小田野耕明氏から「憲法改正とは何か」について新書向けの執筆を依頼されたことである。二〇〇七年五月同法案は成立したが、施行は三年後であったため、また、同年九月安倍首相の突然の辞任により、緊張の糸が切れ、書きさしたまま原稿を筐底《きょうてい》に秘し、一〇年近く遣り過ごしていた。その未定稿に手を加え、いまの時点での刊行を促して下さったのも小田野氏である。昨年七月のことである。そして、昨秋、ほぼ一〇年前の原稿に手を加え、今回の刊行となった。

小田野氏および拙稿を簡明な章立てに組み直して下さった新書編集部・島村典行氏に謝意を表しておきたい。

また、初校ゲラ刷校正の段階で最初の読者をお引き受け頂き、多くの貴重な助言を賜った衆議院法制次長・橘幸信氏はじめ衆議院憲法審査会事務局の皆様に心よりお礼申し上げる。

参考文献

第一章

清宮四郎『憲法の理論』〔有斐閣、一九六九年〕（清宮（1））

J. Bryce, *Studies in History and Jurisprudence*[Oxford University, American Branch, 1901]

J. Burgess, *Political Science and Comparative Constitutional Law*, Vol. I[Baker and Taylor Company, 1902]

Thomas Hobbes, *The Leviathan*[Prometheus Books, 1988]

水田洋訳『リヴァイアサン（二）』〔岩波文庫、一九九二年〕

P. Hunton[ed. by I. Gardner], *A Treatise of Monarchy*[Thoemmes, 2000]

H. L. A. Hart, *The Concept of Law*[Clarendon Press, 1961]

矢崎光圀監訳『法の概念』〔みすず書房、一九七六年〕

H. Laski, *A Grammar of Politics*[Allen & Unwin, 1963]

A. Lincoln, Address at the Dedication of the National Cemetery at Gettysburg[1863. Nov. 19]

J. Hampton, "Democracy and the Rule of Law", in: I. Shapiro (ed.), *The Rule of Law* [Nomos XXXVI, 1994]

芦部信喜『憲法制定権力』〔東京大学出版会、一九八三年〕(芦部(1))

W. Murphy, *Constitutional Democracy* [Johns Hopkins U.P., 2007]

『政治学事典』「独裁」(猪木正道執筆)〔平凡社、一九五四年〕

F. Nietzsche, Die Philosophie im tragischen Zeitalter der Griechen, in: ders., *Werke*, Bd. III [C. Hanser, 1956]

西尾幹二訳『ニーチェ全集 第二巻』(第一期)〔白水社、一九八〇年〕

J. Isensee, *Das Volk als Grund der Verfassung* [Westdeutscher Verlag, 1995]

J. Locke, *Two Treatises of Government* [ed. by P. Laslett, Cambridge U.P., 1988]

伊藤宏之訳『全訳 統治論』〔柏書房、一九九七年〕

C. J. Friedrich, *Constitutional Government and Democracy* [Rev. ed., Ginn, 1950]

E. McWhinney, *Constitution-making: Principles, Process, Practice* [University of Toronto Press, 1981]

河村又介『憲法改正の諸問題』〔惇信堂、一九四六年〕

芦部信喜『国法学』〔一九五九年、東大出版会教材部〕(芦部(2))

鵜飼信成編『憲法』(有斐閣、一九五五年)(鵜飼(1))
清宮四郎『国家作用の理論』(有斐閣、一九六八年)(清宮(2))
鵜飼信成『憲法』(岩波全書、一九五六年)(鵜飼(2))
C. Schmitt, *Verfassungslehre*[Duncker & Humblot, 1971]
＊なお、本章は、『レファレンス』六五〇号(二〇〇五年)掲載の「硬性憲法と憲法改正の本質」、奥平康弘他編『改憲の何が問題か』(岩波書店、二〇一三年)所収の「憲法改正規定(憲法九六条)の「改正」について」等をもとに、改めて書きおろしたものである。

第二章

『昭和天皇実録　第九』(東京書籍、二〇一六年(実録))
『木戸幸一関係文書』(東京大学出版会、一九六六年)(木戸(1))
『木戸日記　下巻』(東京大学出版会、一九六六年)(木戸(2))
憲法調査会事務局『憲法制定の経過に関する小委員会報告書』(一九六一年)
『次田大三郎日記』(山陽新聞社、一九九一年)
鈴木安蔵『憲法学三十年』(評論社、一九六七年)
坂本義和／R・E・ウォード編『日本占領の研究』(東京大学出版会、一九八七年)

高柳賢三他『日本国憲法制定の過程Ⅰ』(有斐閣、一九七二年)
E. Morgan, *Inventing the People*[Norton & Company, 1988]
Political Reorientation of Japan: Sept. 1945 to Sept. 1948[Report of Government Section SCAP]
連合国最高司令部民政局(小島和司他訳)「日本の新憲法」国家学会雑誌六五巻一号(一九五一年六月)
法制局(閲)『新憲法の解説』(内閣発行、一九四六年)
＊なお、本章は、『シリーズ憲法の論点⑤』(国立国会図書館調査及び立法考査局、二〇〇五年)掲載の「憲法の改正」を全面的に書き改めた。また、本章で引用した政府・民間の憲法改正案等のうち、典拠を示していないものは、すべて芦部信喜他編著『日本国憲法制定資料全集(1)(2)』(信山社、一九九七年、九八年)に拠った。また、法制局作成の「想定問答」は、国立国会図書館・電子展示会「日本国憲法の誕生」所収の「憲法改正草案に関する想定問答・同逐条説明」(資料と解説4－4)を用いた。

第三章
入江俊郎『憲法成立の経緯と憲法上の諸問題』(第一法規、一九七六年)
芦部信喜他編著『皇室典範』(信山社、一九九〇年)
金丸三郎「日本国憲法改正国民投票制度について(三・完)」『自治研究』二九巻七号(一九五三

年七月)
衆憲資第七二号『「日本国憲法の改正手続に関する法律案・日本国憲法の改正及び国政における重要な問題に係る案件の発議手続及び国民投票に関する法律案」に関する参考資料(未定稿)』(二〇〇六年)
橘幸信他「憲法改正国民投票が実施可能な土俵の整備」『時の法令』一九六二号(二〇一四年九月)
＊なお、本章で引用した国会での発言や政党間もしくは党内外における議員の発言は国会議事録・新聞各紙等に拠った。

第四章

清宮四郎『憲法I(第三版)』(有斐閣、一九七九年)
法学協会編『註解日本国憲法　下巻』(有斐閣、一九五四年)
『衆議院欧州各国国民投票制度調査議員団報告書』(二〇〇六年)
河村又介『直接民主政治』(日本評論社、一九三四年)
橘幸信他「憲法改正国民投票法の制定」『時の法令』一七九九号(二〇〇七年一一月)(橘他(1))
岩波祐子「棄権の損得を考える」『立法と調査』二六六号(二〇〇七年四月)

金丸三郎「日本国憲法改正国民投票制度について（三・完）」『自治研究』二九巻七号〔一九五三年七月〕
橘幸信他「憲法改正国民投票が実施可能な土俵の整備」『時の法令』一九六二号〔二〇一四年九月〕（橘他（2））
A. Hamilton=J. Madison=J. Jay, *The Federalist*, No. X〈Madison〉[Everyman's Library, 1961]
宮沢俊義〔芦部信喜補訂〕『全訂日本国憲法』〔日本評論社、一九七八年〕
小嶋和司『憲法概説』〔良書普及会、一九八七年〕
芦部信喜『憲法学I　憲法総論』〔有斐閣、一九九二年〕
小林直樹『憲法講義　下〈改訂版〉』〔東京大学出版会、一九七二年〕
C. Schmitt, *Verfassungslehre* [Duncker & Humblot, 1971]

＊なお、本章の「最低投票率制度」に関する箇所は、『政治の混迷と憲法』〔岩波書店、二〇一二年〕所収の「国民投票法——先送りされた重要問題」を加筆修正した。また、本章で引用した議員の発言等は、第三章と同様、議事録・新聞等に拠った。また、法制局の想定問答についても第二章と同様、電子展示会所掲の資料を使用した。

第五章

Montesquieu, *De l'Esprit des Lois*, Tom. I［Garnier, 1973］
A. Hamilton=J. Madison=J. Jay, *The Federalist*, No. LI〈Madison〉［Everyman's Library, 1961］
A. Arato, *Post Sovereign Constitution Making*［Oxford U.P., 2016］
佐々木惣一『立憲非立憲』〔弘文堂、一九一八年〕
F. Lassalle, Über Verfassungswesen, in: ders., *Gesammelte Reden und Schriften*, Bd. II［P. Cassirer, 1919］
J. Waldron, *Political Political Theory*［Harvard U.P., 2016］
野中俊彦他『憲法I〔第五版〕』〔有斐閣、二〇一二年〕
清原淳平編著『岸信介元総理の志　憲法改正』〔善本社、二〇一五年〕
『政治学事典』「日本主義」〔藤原弘達執筆〕〔平凡社、一九五四年〕
清宮四郎『国家作用の理論』〔有斐閣、一九六八年〕
O. Kirchheimer, "Germany: the Vanishing Opposition", in: R. Dahl ed., *Political Oppositions in Western Democracies*［Yale U.P., 1966］
M. Weber, *Politik als Beruf*［Reclam, 1992］

＊なお、本章は、『法律時報』八八巻一〇〇号〔二〇一六年九月〕掲載の「「憲法改正」を考える」に補正を加えたものである。

高見勝利

1945年兵庫県淡路島生まれ
1974年東京大学大学院法学政治学研究科博士課程修了．法学博士
現在—北海道大学名誉教授，上智大学名誉教授
専攻—憲法学
著書—『宮沢俊義の憲法学史的研究』
『芦部憲法学を読む』(以上，有斐閣)
『現代日本の議会政と憲法』
『政治の混迷と憲法』(以上，岩波書店)
共著—『憲法Ⅰ，Ⅱ〔第5版〕』(有斐閣)ほか
編著—『あたらしい憲法のはなし 他二篇』(岩波現代文庫)
『金森徳次郎著作集Ⅰ～Ⅲ』(慈学社)ほか
共編著—『皇室典範』
『皇室経済法』
『日本国憲法制定資料全集』(以上，信山社)ほか

憲法改正とは何だろうか　　岩波新書(新赤版)1645

2017年2月21日　第1刷発行

著　者　高見勝利《たかみかつとし》

発行者　岡本　厚

発行所　株式会社 岩波書店
〒101-8002 東京都千代田区一ツ橋2-5-5
案内 03-5210-4000　営業部 03-5210-4111
http://www.iwanami.co.jp/

新書編集部 03-5210-4054
http://www.iwanamishinsho.com/

印刷・精興社　カバー・半七印刷　製本・中永製本

ISBN 978-4-00-431645-9　　Printed in Japan

岩波新書新赤版一〇〇〇点に際して

ひとつの時代が終わったと言われて久しい。だが、その先にいかなる時代を展望するのか、私たちはその輪郭すら描きえていない。二〇世紀から持ち越した課題の多くは、未だ解決の緒を見つけることのできないままであり、二一世紀が新たに招きよせた問題も少なくない。グローバル資本主義の浸透、憎悪の連鎖、暴力の応酬――世界は混沌として深い不安の只中にある。

現代社会においては変化が常態となり、速さと新しさに絶対的な価値が与えられた。消費社会の深化と情報技術の革命は、種々の境界を無くし、人々の生活やコミュニケーションの様式を根底から変容させてきた。ライフスタイルは多様化し、一面では個人の生き方をそれぞれが選びとる時代が始まっている。同時に、新たな格差が生まれ、様々な次元での亀裂や分断が深まっている。社会や歴史に対する意識が揺らぎ、普遍的な理念に対する根本的な懐疑や、現実を変えることへの無力感がひそかに根を張りつつある。そして生きることに誰もが困難を覚える時代が到来している。

しかし、日常生活のそれぞれの場で、自由と民主主義を獲得し実践することを通じて、私たち自身がそうした閉塞を乗り超え、希望の時代の幕開けを告げてゆくことは不可能ではあるまい。そのために、いま求められていること――それは、個と個の間で開かれた対話を積み重ねながら、人間らしく生きることの条件について一人ひとりが粘り強く思考することではないか。その営みの糧となるものが、教養に外ならないと私たちは考える。歴史とは何か、よく生きるとはいかなることか、世界そして人間はどこへ向かうべきなのか――こうした根源的な問いとの格闘が、文化と知の厚みを作り出し、個人と社会を支える基盤としての教養となった。まさにそのような教養への道案内こそ、岩波新書が創刊以来、追求してきたことである。

岩波新書は、日中戦争下の一九三八年一一月に赤版として創刊された。創刊の辞は、道義の精神に則らない日本の行動を憂慮し、批判的精神と良心的行動の欠如を戒めつつ、現代人の現代的教養を刊行の目的とする、と謳っている。以後、青版、黄版、新赤版と装いを改めながら、合計二五〇〇点余りを世に問うてきた。そして、いままた新赤版が一〇〇〇点を迎えたのを機に、人間の理性と良心への信頼を再確認し、それに裏打ちされた文化を培っていく決意を込めて、新しい装丁のもとに再出発したいと思う。一冊一冊から吹き出す新風が一人でも多くの読者の許に届くこと、そして希望ある時代への想像力を豊かにかき立てることを切に願う。

（二〇〇六年四月）

岩波新書より

法律

憲法への招待〔新版〕　渋谷秀樹
比較のなかの改憲論　辻村みよ子
著作権の考え方　岡本薫
自由と国家　樋口陽一
憲法と国家　樋口陽一
比較のなかの日本国憲法　樋口陽一
大災害と法　津久井進
変革期の地方自治法　兼子仁
原発訴訟　海渡雄一
民法改正を考える　大村敦志
労働法入門　水町勇一郎
人が人を裁くということ　小坂井敏晶
知的財産法入門　小泉直樹
消費者の権利〔新版〕　正田彬
司法官僚 裁判所の権力者たち　新藤宗幸
名誉毀損　山田隆司
刑法入門　山口厚
家族と法　二宮周平
会社法入門　神田秀樹
憲法とは何か　長谷部恭男
良心の自由と子どもたち　西原博史
独占禁止法　村上政博
有事法制批判　憲法再生フォーラム編
裁判官はなぜ誤るのか　秋山賢三
法とは何か〔新版〕　渡辺洋三
日本社会と法　渡辺洋三・甲斐道太郎・広渡清吾・小森田秋夫編
民法のすすめ　星野英一
納税者の権利　北野弘久
小繋事件　戒能通孝
日本人の法意識　川島武宜

カラー版

カラー版 国芳　岩切友里子
カラー版 北斎　大久保純一
カラー版 四国八十八カ所　石川文洋
カラー版 ベトナム 戦争と平和　石川文洋
カラー版 知床・北方四島　大泰司紀之・本間浩昭
カラー版 西洋陶磁入門　大平雅巳
カラー版 すばる望遠鏡の宇宙　海部宣男・宮下曉彦写真
カラー版 ブッダの旅　丸山勇
カラー版 難民キャンプの子どもたち　田沼武能
カラー版 ハッブル望遠鏡が見た宇宙　野本陽代・R・ウィリアムズ
カラー版 細胞紳士録　藤田恒夫・牛木辰男
カラー版 メッカ　野町和嘉
カラー版 シベリア動物誌　福田俊司

岩波新書より

経済

ポスト資本主義 科学・人間・社会の未来　広井良典
日本の納税者　三木義一
タックス・イーター　志賀櫻
タックス・ヘイブン　志賀櫻
コーポレート・ガバナンス　花崎正晴
グローバル経済史入門　杉山伸也
アベノミクスの終焉　服部茂幸
新自由主義の帰結　服部茂幸
新・世界経済入門　西川潤
金融政策入門　湯本雅士
日本経済図説〔第四版〕　宮崎勇・本庄真・田谷禎三
世界経済図説〔第三版〕　宮崎勇・田谷禎三
WTO 貿易自由化を超えて　中川淳司
日本財政 転換の指針　井手英策
日本の税金〔新版〕　三木義一
成熟社会の経済学　小野善康

景気と経済政策　小野善康
平成不況の本質　大瀧雅之
原発のコスト　大島堅一
次世代インターネットの経済学　依田高典
ユーロ 危機の中の統一通貨　田中素香
低炭素経済への道　諸富徹・浅岡美恵
「分かち合い」の経済学　神野直彦
人間回復の経済学　神野直彦
グリーン資本主義　佐和隆光
市場主義の終焉　佐和隆光
消費税をどうするか　小此木潔
国際金融入門〔新版〕　岩田規久男
金融入門〔新版〕　岩田規久男
ビジネス・インサイト　石井淳蔵
ブランド 価値の創造　石井淳蔵
グローバル恐慌　浜矩子
金融商品とどうつき合うか　新保恵志
金融NPO　藤井良広

地域再生の条件　本間義人
経済データの読み方〔新版〕　鈴木正俊
格差社会 何が問題なのか　橘木俊詔
シュンペーター　伊東光晴・根井雅弘
ケインズ　伊東光晴
現代に生きるケインズ　伊東光晴
景気とは何だろうか　山家悠紀夫
環境再生と日本経済　三橋規宏
人民元・ドル・円　田村秀男
社会的共通資本　宇沢弘文
経済学の考え方　宇沢弘文
経営革命の構造　米倉誠一郎
経済論戦　川北隆雄
アメリカの通商政策　佐々木隆雄
戦後の日本経済　橋本寿朗
共生の大地 新しい経済がはじまる　内橋克人
思想としての近代経済学　森嶋通夫
アメリカ遊学記　都留重人

岩波新書より

社会

戦争と検閲 石川達三を読み直す	河原理子
生きて帰ってきた男	小熊英二
地域に希望あり	大江正章
地域の力	大江正章
遺骨 戦没者三一〇万人の戦後史	栗原俊雄
フォト・ストーリー 沖縄の70年	石川文洋
ルポ 保育崩壊	小林美希
アホウドリを追った日本人	平岡昭利
朝鮮と日本に生きる	金時鐘
被災弱者	岡田広行
農山村は消滅しない	小田切徳美
復興〈災害〉	塩崎賢明
「働くこと」を問い直す	山崎憲
原発と大津波 警告を葬った人々	添田孝史
縮小都市の挑戦	矢作弘
福島原発事故 被災者支援政策の欺瞞	日野行介
日本の年金	駒村康平
食と農でつなぐ 福島から	塩谷弘康・岩崎由美子
過労自殺〔第二版〕	川人博
金沢を歩く	山出保
ドキュメント 豪雨災害	稲泉連
希望のつくり方	玄田有史
親米と反米	吉見俊哉
人生案内	落合恵子
ひとり親家庭	赤石千衣子
女のからだ フェミニズム以後	荻野美穂
〈老いがい〉の時代	天野正子
子どもの貧困	阿部彩
子どもの貧困Ⅱ	阿部彩
性と法律	角田由紀子
ヘイト・スピーチとは何か	師岡康子
生活保護から考える	稲葉剛
かつお節と日本人	宮内泰介・藤林泰
家事労働ハラスメント	竹信三恵子
ルポ 雇用劣化不況	竹信三恵子
福島原発事故 県民健康管理調査の闇	日野行介
電気料金はなぜ上がるのか	朝日新聞経済部
おとなが育つ条件	柏木惠子
在日外国人〔第三版〕	田中宏
まち再生の術語集	延藤安弘
震災日録 記憶を記録する	森まゆみ
原発をつくらせない人びと	山秋真
社会人の生き方	暉峻淑子
豊かさの条件	暉峻淑子
豊かさとは何か	暉峻淑子
構造災 科学技術社会に潜む危機	松本三和夫
家族という意志	芹沢俊介
ルポ 良心と義務	田中伸尚
靖国の戦後史	田中伸尚
日の丸・君が代の戦後史	田中伸尚
憲法九条の戦後史	田中伸尚

岩波新書より

飯舘村は負けない　千葉悦子・松野光伸
夢よりも深い覚醒へ　大澤真幸
不可能性の時代　大澤真幸
3・11 複合被災　外岡秀俊
子どもの声を社会へ　桜井智恵子
就職とは何か　森岡孝二
働きすぎの時代　森岡孝二
日本のデザイン　原研哉
ポジティヴ・アクション　辻村みよ子
脱原子力社会へ　長谷川公一
希望は絶望のど真ん中に　むのたけじ
戦争絶滅へ、人間復活へ　むのたけじ 黒岩比佐子 聞き手
福島 原発と人びと　広河隆一
アスベスト 広がる被害　大島秀利
原発を終わらせる　石橋克彦 編
日本の食糧が危ない　中村靖彦
ウォーター・ビジネス　中村靖彦
勲章 知られざる素顔　栗原俊雄
生き方の不平等　白波瀬佐和子

同性愛と異性愛　風間孝・河口和也
居住の貧困　本間義人
贅沢の条件　山田登世子
ブランドの条件　山田登世子
新しい労働社会　濱口桂一郎
世代間連帯　上野千鶴子・辻元清美
当事者主権　中西正司・上野千鶴子
道路をどうするか　五十嵐敬喜・小川明雄
建築紛争　五十嵐敬喜・小川明雄
ルポ 労働と戦争　島本慈子
戦争で死ぬ、ということ　島本慈子
ルポ 解雇　島本慈子
子どもへの性的虐待　森田ゆり
森の力　浜田久美子
テレワーク 「未来型労働」の現実　佐藤彰男
反貧困　湯浅誠
ベースボールの夢　内田隆三
グアムと日本人 戦争を埋立てた楽園　山口誠

少子社会日本　山田昌弘
「悩み」の正体　香山リカ
いまどきの「常識」　香山リカ
若者の法則　香山リカ
変えてゆく勇気　上川あや
定年後　加藤仁
労働ダンピング　中野麻美
誰のための会社にするか　ロナルド・ドーア
安心のファシズム　斎藤貴男
社会学入門　見田宗介
現代社会の理論　見田宗介
冠婚葬祭のひみつ　斎藤美奈子
少年事件に取り組む　藤原正範
まちづくりと景観　田村明
まちづくりの実践　田村明
桜が創った「日本」　佐藤俊樹
生きる意味　上田紀行
ルポ 戦争協力拒否　吉田敏浩
社会起業家　斎藤槙
男女共同参画の時代　鹿嶋敬

現代世界